EL SECUESTRO DE LA INCONSCIENCIA

EL SECUESTRO DE LA INCONSCIENCIA

María de Lourdes Monterrubio de Blanco

Primera edición 2007

Queda prohibida la reproducción total o parcial de esta obra incluido el diseño tipográfico y de portada sea cual fuere el medio, electrónico o mecánico, sin el consentimiento por escrito del editor.

©ARCHITECTHUM PLUS S.C.
Díaz de León 122-2
Aguascalientes, Aguascalientes
México CP 20000

ISBN 978-968-9470-04-5

I

EN KOBAH

...Y el Creador nos regaló un jardín donde todo floreciera: la selva.

Entre el espeso verdor de la selva baja del sureste mexicano se ocultan milenarias piedras que nos revelarían su esplendor si aprendiéramos a escucharlas. En espera de este encuentro, comparten sus secretos con cedros, caobas, chicozapotes y una innumerable variedad de arbustos y flores tropicales. La selva maya: paraíso de vegetación y roca, alberga en armonía una infinita fauna de mamíferos, reptiles e insectos. Agrestes águilas delinean sus horizontes y primates juegan a ser humanos entre los árboles frutales; su cielo se pinta con ráfagas multicolores con el incesante vuelo de sus hermosas aves. La humedad y el eterno verano la convierten en un inmenso jardín botánico encendido día a día por una catarata de fuego que se entibia al atardecer con la brisa marina.

La selva antillana nos invita a compartir su deliciosa rutina. Su canto misterioso atrae tanto a los espíritus aventureros como a los hombres y mujeres ávidos de hogar. Es una hechicera que de día nos hipnotiza y arrastra como el fuego y el agua. Al anochecer nos habla con el lenguaje perfecto de las estrellas. La selva nos espera.

Esa mañana de primavera, un nutrido grupo de jóvenes descansaba en el árido altiplano que antecede la pendiente de Nohoch Mul. El viento, mezcla de mar y hierba acariciaba sus rostros húmedos y brillantes; el sonido alegre de sus voces se entremezclaba con el canto de algunas aves y empezaba a escucharse una nueva armonía.

Una voz estridente irrumpió:

– ¡Pinches p...piedras!... ¿tanto para ver otro pinche montón...?

Con la seguridad de quien se escuda en un grupo, Carlos, irreverente, arrebataba un par de cantimploras y vertía el contenido sobre su revuelta cabellera, empapando su vestimenta de fosforescentes colores. Retaba así al inclemente calor que parecía trastocarlo, sólo a él. Varios compañeros le secundaban y correteaban a saltos en franco festejo; lo amordazaban con su propia camiseta para evitar que repitiera a gritos sus maldiciones y llegaran a oídos del guía. El eco de sus palabras fue interceptado por el chillido penetrante de un simio que parecía interpelarlo.

A lo lejos y viento en contra, el guía del grupo, alegre, sacaba del portaequipaje del autobús escolar un par de vetustos binoculares y una vieja cantimplora. Se apresuraba con paso desgarbado a reunirse al grupo que impaciente le esperaba. Era todo un personaje con atuendo de explorador, que incluía pantalón militar con varios bolsillos laterales, en los que llevaba desde un botiquín de primeros auxilios y planos de zona, hasta un atomizador contra insectos. En su camiseta ostentaba, al frente, el emblema del equipo de fútbol local del que era ferviente seguidor y en la espalda las letras "Corona", su cerveza preferida.

– ¡Ya cálmate Charlie!– con desgano gritaban unas chicas que con camisas entreabiertas y shorts remangados tomaban el sol recostadas unas sobre otras, para obtener su tan deseado bronceado que intensificaban con refresco de cola untado sobre la piel.

– ¡Cállenme brujas....! les contestaba Carlos, riendo y rociándolas con refresco de naranja para arruinar el efecto de su bronceador improvisado. Desinterés reinante aun entre los llamados "nerds" quienes bebían sorbos de sus botellas de agua purificada y le lanzaban miradas más reprobatorias que sugestivas. Conectados a sus walkmans con música a tope, se balanceaban a un ritmo que los hechizaba y entredientes tarareaban desafinados una abstracta melodía que ejercía de perfecta barrera contra las propuestas del entorno.

El guía se unió al grupo y su presencia sacudió por unos instantes la apatía generalizada. Con entusiasta voz los saludó y afectuosamente preguntó:

– Hey chicos, ¿quién me puede decir qué vistas tendremos desde la cima?...

La pregunta fue respondida por otra que declaraba sus ansias por llegar a lo conocido: hotel 5 estrellas, televisión, servicios y ante todo ocio:

– ¿Cuándo llegaremos a Cancún?...

– Más tarde les doy esos datos. Ahora, ¿alguien podría responder a mí pregunta?

– ¿Qué preguntó prof...?

– ¿Alguien, puede repetirla?

Un silencio prolongando la respuesta...

Paciente y con voz pausada, Antonio les repetía la pregunta...

Charlie contestaba con tono fastidioso:

– Pues... más "ruinas", o ¿hay algo más?

Las risas estruendosas de sus compañeros no se hicieron esperar, al escuchar la irónica respuesta de su líder.

– Bien chicos, ¡subamos para comprobarlo con nuestros propios ojos!

El centro ceremonial de Kobah, parece sufrir cada minuto por conservar erguidos los basamentos y remates de su estructura; las laderas desmoronadas y Nohoch Mul dan a la distancia un aspecto más que piramidal, montañoso. Su escalinata entrecortada la convierte en una escalada zigzagueante que reta a la concentración. Un verde marco resalta su misteriosa y austera estructura; a la distancia, vetustos senderos mayas se adivinan y se pierden entre el follaje; pareciera que el espíritu de los antiguos mayas se revelara en formas de piedra; en el silencio y la contemplación parecen escucharse voces que fascinan y atemorizan...

Se disponían al ascenso. El grupo de jóvenes seguía a Antonio con mediano interés. Sus mentes estaban muy lejos del sitio o percibían sólo lo inmediato: los cuerpos lustrosos de algunas compañeras, los zapatos deportivos de grotesco diseño de algunos compañeros, o las irregulares piedras de la desmoronada escalinata. Otros más se burlaban de la estampa de su guía, sin darse cuenta de la propia. Antonio con una seña pedía a un grupo se desconectara los audífonos. María, su asistente, alumna sobresaliente de segundo año de Bachillerato, recordaba a otros que no se permitía comer chatarra durante la visita y mucho menos, arrojar algún desecho a tierra.

Al alcanzar la cima, el gesto en los rostros de los jóvenes cambió visiblemente y sus miradas se deslizaron sobre el paisaje en franca admiración.

Al oriente el mar Caribe de un intenso azul, recorta la selva formando pequeñas caletas bordeadas por un listón blanco de arena. Al poniente, en medio del follaje, asoma a lo lejos como testimonio y testigo, el remate del "Castillo", la estructura más relevante de la ciudad de Kobah. Antonio les pidió unos pocos minutos de silencio, el mejor compañero de la contemplación, y después de una breve pausa les describió el paisaje para iniciarlos en el arte de mirar más allá de lo accidental. Minutos, casi segundos de identificación con el entorno lograron alejar el ruidoso ambiente en el que se desarrollaba la escalada; sólo algunos, ya esclavos, parpadeaban con impaciencia y fastidio.

– ¿A cuántos kilómetros de Cancún estamos, profesor?, preguntó un chico.

– ¿Alguien recuerda el tiempo que tomó trasladarnos de Tulúm a las cabañas, más el trayecto de hoy?

– Creo que 20 minutos, más 45... como una hora – respondió una chica.

– ¿A qué velocidad hicimos el recorrido, alguien lo recuerda?

– A 60 km que era la velocidad permitida ¿no? – contestó Daniela. – Entonces, como a 60 kilómetros y además estamos al suroeste de Cancún. El sol se pone en la selva, ¿verdad?

– ¡Uh, uh!, Daniela la sabia – se burlaba Pablo.

– No comenten cada pequeño detalle, – les pedía Antonio– contemplen en silencio este bello paisaje; guarden en su memoria este momento.

Mientras esta conversación se llevaba a cabo, manoteando y haciendo señas de ¡... silencio, sh!, Carlos y Pablo se deslizaron ágilmente por un costado de la pirámide, escapando del grupo por el mero afán de burlar la vigilante y atenta actitud del guía. Arrastrando a Diego del cinturón y seguidos por Cyntia, se escurrieron internándose en la selva, trozando varias ramas a su paso y desplazando de su sitio algunas piedras milenarias.

– ¡Pásame tu resortera!

Risas furtivas y tremendo disparo a una solemne iguana que no sabía de enemigos de dos patas. Herida en la cola se escabulló, dejando una huella encarnada sobre el granito.

El resto del grupo contemplaba en silencio el mágico paisaje y sus mentes jóvenes pudieron percibir algunas voces y lamentos que cincelaban suavemente sus espíritus.

Inquieta, la mirada de Antonio buscaba los rostros de los jóvenes que faltaban a la cita, pero no deseaba interrumpir la experiencia que finalmente cristalizaba en la mayoría de sus alumnos, por lo que decidió esperar una respuesta.

A lo lejos, entre la verde espesura de la selva una sombra negra cruzó como un relámpago.

– ¿Lo vieron? ¿Qué fue eso? – gritó Juan Diego.

Sin moverse y en silencio esperaron un momento y constataron entonces que se trataba de un pequeño simio ruidoso y juguetón. Detrás de él, el mono adulto asomaba su brazo con un gesto relajado; era tan grande y robusto que les hizo retroceder unos pasos; sus gestos oscilaron del asombro a la malicia, cuando Pablo sacó de su mochila una navaja y blandió la enorme cuchilla que reflejaba el sol, deslumbrando los ojos de todos. Sin palabras cada uno tomó sus posiciones y sacando como anzuelo un plátano y un trozo de tamarindo, los ofrecieron al simio que movía su cabeza de lado a lado, curioso y gesticulante. Ante el ofrecimiento, la bestia confió y adelantando su mano hacia el bocado, lo devoró feliz; asimismo probó del otro que lo hizo reaccionar con saltos y lagrimeo; luego corrió selva adentro persiguiendo una cáscara de plátano que Diego le arrojaba a lo lejos. Ellos lo disfrutaban entre saltos y carcajadas; luego con una mirada cómplice acordaron que la víctima no podía ser el robusto animal, así que se dirigieron al pequeño que ya se había acercado más al grupo tras la confianza inspirada por la comida. Al extender su peludo brazo fue detenido bruscamente por todos y emboscado con una camiseta alrededor de su hocico para acallar su chillido. Ataron sus extremidades de rama a rama y le asestaron un piquete al vientre que lo hizo retorcer. Untaron su sangre en ropa y brazos y el fuego se encendió dentro de ellos. Y como toda mala obra que se recrea en sí misma, creció y ardió con más fuerza hasta tomar el control y hacerles lanzar un grito acalorado para atravesar su corazón rematando el acto cruel. Despertaban así sus bajos instintos, inconsciencia voluntaria en acción que les intoxicaba tanto como el alcohol.

    Los ojos de Juan Diego denotaban rechazo, pero su silencio era tan cómplice como el más ferviente partidario del inútil sacrificio. Permaneció inmóvil mientras los demás se alejaban huyendo del mono mayor, y gritando ¡ven Johny!, rompieron el trance que lo paralizaba.

    Inició con ellos la carrera de regreso; sus amigos, a empellones, reprobaron abiertamente la debilidad y compasión que mostraba en su mirada, pues de alguna manera removía sus conciencias.

En tono burlón le exigieron que como muestra de valentía arrancara una parte del cuerpo para cada uno.

Juan Diego, horrorizado, volvió hacia el cadáver del mono y penosamente le arrancó con el cuchillo una oreja ante los festejos y gritos eufóricos de sus amigos. Permaneció por unos segundos inmóvil y en silencio; en su mente vio a un pequeño niño de cinco años que había arrollado a un perrito con su bicicleta. Vio cómo de prisa lo auxiliaba, sosteniendo su cabeza con afecto y lo consolaba con palabras de aliento. El animalito reaccionaba ante sus cuidados descansando la cabeza en su mano y emitiendo leves quejidos. Ante estos recuerdos le invadió una sensación agridulce que le confrontaba profundamente y le transportaba lejos de ahí. En esa lejanía identificaba a alguien...– ¡Ese soy yo!, se decía a sí mismo. Sin embargo, las recientes acciones se agolpaban en su mente y le abrumaban, dejándolo paralizado aun a su pesar. Se prometió ser el mismo en todas circunstancias y divertirse a su manera. Lo prometo... se repetía en silencio.

Volvió a la realidad al sentir como Pablo arrebataba de su mano el arma, para cortar la cola del simio; Carlos a su turno, cercenó un dedo y Cyntia, para no quedarse atrás, la oreja restante. Embolsaron sus trofeos y llegando a un hilo de agua, enjuagaron las huellas de sangre de sus manos, se vistieron con ropas limpias que sacaron de sus mochilas y emprendieron el camino de regreso. Una pequeña nube cubrió por unos instantes el sol, como si la pena y la vergüenza lo ensombrecieran; tras el espeso follaje, unas formas y colores se traslucieron sigilosos, rodeándolos, pero pasaron desapercibidos a los ojos de los chicos. La euforia de la sangre y de la destrucción cancelaba en ellos todo tipo de percepción y pensamiento.

Apresuradamente se reintegraron al grupo que iniciaba el descenso, disimulando el gesto de alarde y falso heroísmo que se reservaban para exhibirlo más tarde.

Antonio preparaba las preguntas que en otro momento los ausentes habrían de contestar. Al llegar a la base de la pirámide los reunió de nuevo para compartir la experiencia. Los jóvenes se sentaron dispersos bajo la pálida sombra de los arbustos y mientras se refrescaban con bebidas y secaban el sudor, inició su cuestionario.

– Compañeros, me pregunto; este mar Caribe que vimos desde la cima, ¿a qué océano pertenece? Algunas respuestas no se hicieron esperar:

–...al Pacífico o ¿...al Atlántico?

Pidió a los alumnos sentados a su derecha que contestaran sin ambigüedad, mientras con rapidez trazaba con una piedra en la arena, la silueta del país. Una chica de ese grupo respondió acertadamente así que le pidió señalara la localización en el improvisado mapa.

Al océano Atlántico, dijo, localizándolo.

Antonio delimitó entonces cinco grupos, según se encontraban sentados y trazó en la tierra cinco líneas que los identificaban. Lanzando al azar una improvisada pelota, solicitó al grupo número tres:

¡Pregunta "quién"! El receptor formulaba: – ¿Quiénes fueron los primeros habitantes de esta zona?– y lanzaba la señal a otro extremo, donde le respondían:

– Los mayas. Mientras a su vez, lanzaba la pelota, Antonio solicitaba:

– ¡Pregunta "cuál"! El nuevo receptor formulaba:

– ¿Cuál es el nombre de este estado de la República?

A lo que respondían:

–Yucatán.

María, la asistente de Antonio, quien llevaba minuciosamente un apunte de aciertos y errores, tanto de preguntas como de respuestas, acusaba:

– Respuesta incorrecta y anotaba menos uno en su libreta.

El siguiente receptor, respondía correctamente:

– ¡Quintana Roo!

Antonio nuevamente: ¡Pregunta "dónde"!

– ¿Dónde estamos sentados?

– En Kobah.

– Respuesta imprecisa, sin puntos. ¿Quién la contesta?

Contestaba el equipo número 1: Frente a la pirámide de Nohoch Mul, en la ciudad de Kobah, ¿sí?

– Respuesta correcta, – validaba María – y solicitaba:

– ¡Voluntarios de "escribano" por grupo!....

Algunos, entre risas, aceptaban la misión. Se encargarían de anotar preguntas y respuestas, para tener un informe escrito de las intervenciones presentadas, como trabajo escrito de cada equipo.

Los jóvenes despiertos y entusiastas contagiaron por un momento las voluntades de Carlos y su grupo, que aunque no dejaban de intercambiar miradas, aceptaban la invitación por unos minutos hasta llegar al turno de las preguntas de opción múltiple con las que el profesor recapitularía.

Tocaba así el fin de la expedición y entusiastas se dispusieron a abordar el autobús escolar. La algarabía incontrolable de los jóvenes orilló a Antonio a suspender la puesta en marcha, hasta alcanzar un nivel de cordura que permitiera proseguir civilizadamente el trayecto hasta Cancún.

Ahí estaban ya, frente a tan deseado destino. Todo el grupo cumplía ahora con ciertos criterios de disciplina para no retrasar los planes. Se internaron en sus habitaciones, dispuestas de cuatro en cuatro y procedieron a ducharse y prepararse para la comida. Iniciaron sus rituales de aseo y vestimenta, derroche de color y de posibilidades. Entre alabanzas y críticas, bromas y palabras disonantes descendieron más tarde al restaurante de playa del hotel, donde degustarían lo más selecto de la pesca regional: mojarras, robalos y pámpanos a las brasas, acompañados de vegetales y legumbres, salsas multicolores y, directo del comal, las tortillas de maíz. Al centro, una muestra de la gastronomía de la zona, como el poc–chuc acompañado de plátano y papadzules de todos los sabores. Una suave melodía yucateca brotaba de las maderas preciosas de una vieja marimba, tocada por dos dignos ancianos que parecían formar parte del instrumento.

Los chicos charlaban animados, algunos mostrando respeto, otros prepotencia en su intento de esclavizar a los atentos meseros a los que Antonio pedía no tomaran muy en serio las palabras y bromas de los más arrogantes. Enseguida asistirían a una función de video con película de aventuras y violencia policíaca. Ya en la sala, la calma, sólo eventuales llamadas al silencio entre compañeros.

Fuera de los ventanales, vigilantes sombras desapercibidas para el grupo, se anudaban y extendían; sombras que buscaban y encontraban respuesta, detectando claramente a Carlos, Pablo, Cyntia y Juan Diego.

Al mediodía del día siguiente, el sol lucía deslumbrante, resaltando los fascinantes tonos turquesa e intensos azules del mar Caribe que despliega sus transparentes aguas sobre la fina y fresca arena blanca. El ir y venir de los excursionistas se delineaba en sus arenas como serpentinas huellas. Los jóvenes correteaban alegres, expertos del hacer nada y el disfrute máximo de los sentidos, salpicando la playa de vivos colores y diversión. Entre horror y carcajadas aparecieron trozos de cuerpo en diversos bolsos, bolsillos, algún zapato deportivo… Cyntia portaba con orgullo, alrededor de su cuello, el dedo perforado, obsequio macabro. El resto del grupo caminaba pavoneándose, haciendo alarde de originalidad y arrogancia. Juan Diego los seguía sumiso, posponiendo sus propósitos y sumido en la penosa claudicación de sus convicciones.

Así, entre baños de sol y mar y delicias gastronómicas, la expedición llegaba a su fin. La selva maya dejaba la huella de su canto y de su fuerza en los jóvenes de espíritu abierto. Nadie sale con las manos vacías cuando vuelve a sus raíces.

Días más tarde el paisaje cambiaba drásticamente, dando paso a conocidos espacios amurallados y a laberintos de cemento, donde apenas lucen el cielo y la vegetación.

Llegaban a la ciudad y cada uno se reintegraba a su familia. Volvían a sus rutinas, envueltos en el anonimato.

En un acogedor antecomedor, televisión encendida, familia reunida en torno a la merienda, sonó el timbre y apareció Pablo sudoroso y desarrapado.

– ¡Hola a todos! – saludó, dando un beso de lado a cada uno. Tomó su sitio vacío y con una quesadilla en la mano respondió a las interesadas preguntas generales de sus padres y hermanos. Relató deshiladamente, entre risas y cantifleo, sus diez días de expedición con remate en el paradisíaco Cancún, donde chicas, bikinis y ligue, predominaban. Agotado por tanto desgaste, se dirigió a su habitación y sin siquiera desvestirse se desplomó sobre su cama.

Con entusiasmo recibieron a Juan Diego, quien fue interrogado con precisión sobre detalles relevantes e irrelevantes de su experiencia. Trató de responder centrándose en datos históricos y arqueológicos y evadiendo detalles. Tomó una ducha en la que se lavó y restregó como si tratara de limpiarse por fuera y por dentro, dio las buenas noches a su hermano mayor con quien compartía habitación y con los ojos cerrados fingió dormir.

Cyntia por su lado, llegó pidiendo que le abrieran la puerta de inmediato, le sirvieran su bebida preferida, y le ayudaran con sus mochilas; simplemente lo acostumbrado... Viendo su reloj, encendió inconscientemente el televisor para no perder su programa interrumpido por dos semanas al tiempo que saludaba a todos mecánicamente, sin darse cuenta que en una silla sólo estaba el peluche de su hermana al que también besó efusivamente. Evadió toda pregunta que requiriera pensamiento; declaró que estaba molida y subió a su cuarto. Encendió su propio televisor, cerró a piedra y lodo su recámara, se recostó en su mullido sofá, revisó su maquillaje interactuando con el espejo de bolsillo y bloqueó durante las dos siguientes horas la línea telefónica.

Carlos, sorteó cuatro coches de lujo y ordenó al vigilante portero que no diera aviso de su llegada. Se deslizó por la puerta trasera de la cocina, haciendo señas de guardar silencio a los cocineros que terminaban de adornar con arreglos vegetales las suculentas bandejas de alimentos que servirían en la cena. Escogió al azar varios bocadillos, abrió el refrigerador, se hizo de un refresco de cola y salió por la puerta delantera, cruzando sigilosamente pasillos y puertas. Subió de puntillas la escalera llegando a su habitación, pulcramente arreglada, decorada al estilo inglés, sin omitir detalles en mobiliario, tapicería y accesorios; en las paredes, fotografías tamaño natural de la pesca de merlín, donde su padre ostentaba con orgullo la bella presa, a bordo de un yate estilo mediterráneo. Enmarcaban las imágenes cañas de pescar profesionales y antiguas anclas de hierro. Ya en su escenario cotidiano, cogió su revista preferida de contenido pornográfico y volvió a su rutina.

En el piso bajo, el grupo de asistentes terminaba de arreglar los detalles para la cita sabatina, trabajaban con rapidez y esmero. En el ala opuesta de la casa, el prominente abogado seleccionaba la corbata que combinara con su traje italiano de seda, admiraba al espejo su melena cana que controlaba con sprays sin aroma y terminaba de vestirse con elegantes accesorios que tenía en perfecta disposición frente a un espejo de cuerpo completo. Complaciente, aprobaba su apariencia y se disponía a reunirse con Clara, su bella esposa que a su vez, en el cuarto de baño contiguo, terminaba de recibir un masaje corporal y se disponía a ataviarse como una reina, aunque la ocasión sólo reuniera amigos de toda la vida para el juego semanal de póker.

Los participantes llegaron uno a uno; sus autos eran recibidos a la entrada por los atentos porteros que estaban al servicio de la familia desde hacía tres décadas y conocían a los comensales desde su infancia. Los halagos mutuos entre amigos no se hicieron esperar, rayando en adulación. La noche transcurrió entre bromas y anécdotas, sólo interrumpidas por relatos de los inexplicables secuestros que en ese 1998 ya se contaban por decenas. Clara procuraba desviar con su simpatía las conversaciones "serias" para conservar así el tono tradicionalmente jocoso de la reunión. Ya al amanecer y tras despedir a los invitados, asumió su papel de madre responsable, y visiblemente convulsionada, preguntó dramáticamente:

– ¿No ha llegado Carlitos?...

Demostrando sorpresa lo vio salir de su habitación, al fondo del pasillo, en media pijama, ojeroso y despeinado. Ella se abalanzó a él abrazándolo fogosamente.

Su padre lo atisbó y dijo:

– Mañana nos contarás cómo estuvo tu excursión al sureste.

Se enfilaron hacia sus respectivos dormitorios en silencio. Con los ojos cerrados a medias y el cuerpo desparramado, Carlos concilió un sueño tan profundo como el de los justos. A través de la pesada cortina, la luz de la luna se traslucía apenas, poniendo al descubierto la habitación salpicada de ropa donde envuelto en su camiseta guardaba el botín...

Como largas lianas que se columpian, algunas sombras producían una presencia fantasmagórica que envolvía la residencia; parecían volar sin rumbo... Pasaron brevemente frente al ventanal de la habitación de Carlos arrojándole una mirada compasiva. El enjambre de sombras se disipó para desplegarse de nuevo sobre el lado opuesto de la mansión. Traspasaban los muros y salían de nuevo al exterior para seguir buscando. Por fin se detuvieron dentro de la habitación de Alfonso y Clara; alrededor de su cama se delinearon claramente ojos feroces que les observaban dormir. Tras un leve movimiento de manos de uno de los intrusos, quedaron cubiertos de una pálida bruma que los sumergió en un sueño aún más profundo; luego, Alfonso fue cubierto con un maxtle rebordado con grecas y en un instante, brazos finos y macizos de cobre lo levantaron con agilidad y lo trasladaron de prisa, perdiéndose en la oscuridad.

Al día siguiente, Clara despertó renovada; extendió su brazo para buscar el de su esposo y al no encontrarlo, dirigió su mirada a lo lejos notando la puerta abierta y el cuarto de baño vacío; se volvió de espaldas y reposó unos instantes más. Posteriormente se incorporó, se enredó en una ligera bata, descendió por la escalera y se dirigió hacia la cocina en busca de Alfonso. En seguida abrió la puerta de su despacho que continuaba en penumbras; más allá, a través de la ventana, la terraza del jardín reflejaba un sol candente de mediodía. Clara preguntó en voz alta:

– ¿Alfonso? ¿Dónde estás?.... ¡Alfonso!

Repitiendo la pregunta en un tono más agudo, se dirigió a la habitación de su hija pequeña:

Clarita, tu padre no aparece y tenemos una comida en casa de tu tía Cristina. Su preocupación se disipó al recordar el compromiso social y su gesto cambió de angustia al reproche. Retomó la escalera y se dirigió a tomar una ducha perdiéndose luego en su ritual de atavío.

II

EL TRAYECTO A XALANQUÉ

Una balsa rodeada de cabezas se balanceaba suavemente en la penumbra de una gruta: las aguas transparentes se dibujaban en las orillas. Se percibían el chasquido del suave oleaje y el sonido del viento. Un rayo de luz iluminó el convoy; al cruzarlo, éste desapareció en la penumbra.

El trayecto por los ríos subterráneos del sureste es un espectáculo de luz, sombras y espacios. A través de túneles y cavernas, se entrelazan las antiguas rutas mayas. Del silencio parecen emerger ecos de mercaderes, de guerreros, así como algunos lamentos de doncellas invisibles a nuestros ojos.

Al avanzar unos cuantos kilómetros bajo la montaña, la claridad intermitente hacía más visible la balsa. Los orificios en lo alto de las cavernas se sucedían más cercanos y la vegetación caía hacia el interior como una verde cascada de enredaderas y filamentos. Llegaron así a una amplia cueva, donde ya la luz era intensa y saliendo a cielo abierto cruzaron el cenote donde el río descansa para continuar su recorrido subterráneo hacia el mar. En la orilla, la balsa fue recibida solemnemente por imponentes personajes masculinos y femeninos ataviados a la usanza maya. Recibieron el cuerpo que trasladaron a una camilla de varas y con agilidad y rapidez se deslizaron hacia la selva, cada vez más espesa. Cruzaron un pantano sobre una palizada que desplegó otro grupo de nativos, para llegar finalmente al pie de una meseta en forma de hongo gigantesco, donde en perfecta simetría, se albergaba la ciudad de Xalanqué. Metros arriba, la selva, como madre protectora, había tejido una inmensa carpa de vegetación, siguiendo la línea de la meseta, para ocultarla de la memoria de la civilización. Xalanqué había permanecido oculta para resguardar su territorio ancestral de los estragos de una civilización que alberga paradojas irreconciliables.

Sus calles empedradas y alineadas estaban flanqueadas por viviendas cubiertas con techumbre de palma. Constaban estas de dos o tres habitaciones adosadas a un patio dividido en tres secciones: jardín familiar; cultivo de hortalizas y corral para la crianza de animales domésticos.

La ciudad era alimentada por un sistema de canales abiertos mantenidos en perfecto estado, no tocados por la mano del hombre. Para protegerlos de la fauna, estaban bordeados por redes verticales de cáñamo tejidas por los artesanos. A la entrada de cada vivienda, un molino de agua elevaba el flujo y a través de rocas penetraba en las viviendas dando servicio a cocinas y temazcalis. Un avanzado sistema lo bifurcaba por declive hacia un canal profundo de desagüe y a otro de riego. Las rocas en las entradas, además de filtro, servían de basamento a estelas finamente talladas con la imagen de los ancestros iniciadores de cada dinastía familiar y decoradas con jade, conchas o huesos de caza menor, como las estelas del Clásico Temprano que nos ha devuelto con toda su belleza la selva de Palenque.

Existía un eje de transporte público en forma de estrella que partía del centro de la ciudad a los cuatro puntos cardinales, con diferentes conexiones a sitios intermedios, constaba de vagones de madera sobre ruedas; dos rieles determinaban su trayecto y eran tirados por fuertes caballos dirigidos por ciudadanos cuyo estatus era respetado y admirado entre la población. En el centro se erguía una amplia plaza, donde se elevaba una monumental base piramidal que albergaba el sitio del gobierno, justicia y administración, así como el centro de estudios. La vía central de acceso a éste, era la avenida más amplia de la estrella. Las cuatro vías principales estaban rematadas por un servicio público: el mercado coronaba la vía central Norte; el embalse del río Usumacinta y campos de cultivo concluían la vía Este; el juego de pelota y polideportivo, remataban la vía Sur, y el parque botánico y campos de cultivo, completaban la vía del Oeste. Los ciudadanos cultivaban con esmero los alimentos que les permitían vivir autónomamente: maíz, frijol, arroz, sorgo, tomate, chile, caña de azúcar, amaranto, cacao, henequén, algodón, tabaco y toda clase de raíces silvestres.

Gozaban de una organización social igualitaria, habiendo abolido la estratificación que tanto había dañado a sus antecesores. El tiempo–hombre era recompensado de igual manera a todos los ciudadanos, pues los oficios y profesiones requerían el mismo tiempo de preparación profesional; la diversidad era la que daba funcionalidad y prosperidad de la ciudad; toda tarea gozaba del mismo respeto y consideración; sólo la falta de calidad era llevada a juicio para el conocimiento de las autoridades. Diariamente, un comité encargado de la calidad recorría cada negocio, para recoger los escritos que los ciudadanos depositaban en la urna correspondiente para informar sobre la eficiencia de los servicios. Esta ciudad estaba concebida para dar abastecimiento a 50,000 habitantes. Si se excedía de esta cantidad, se trasladaban a una ciudad satélite cuya infraestructura era la misma pero sólo para diez mil habitantes. Las familias que se desplazaban eran las que habían decidido tener un hijo más de lo establecido por consenso milenario, de uno a dos hijos por pareja. La población entera salvaguardaba el balance demográfico como una responsabilidad de grupo para garantizar el abastecimiento y servicios a todos sus pobladores. Todos participaban por igual en la vida política y comercial, por lo tanto sabían que a las puertas de su ciudad llegaba el comité de justicia con un candidato al interrogatorio.

El contingente entró por el norte y tomó el transporte hacia el centro de justicia. En silencio, los ciudadanos lo miraban al pasar, con rostros serenos e impenetrables. Un pesado muro del palacio de justicia se abrió lentamente y en segundos la camilla quedó a solas en un recinto preparado de antemano. Quienes la portaban, desaparecieron.

Alfonso despertó del profundo sueño y al extender su brazo en busca del de su esposa, abrió los ojos y perplejo se encontró a solas, rodeado de muros de piedra, en un recinto oscuro con un solo haz de luz que penetraba por un orificio en la cúspide. Creía estar soñando; se quedó paralizado, sus ojos le revelaron su cuerpo desnudo cubierto por una manta.

Se incorporó y a tientas golpeó con los puños y cuerpo los muros buscando una salida... El silencio era absoluto...

– ¿Alguien me escucha?... ¡Respóndanme!...

Alfonso repetía sin cesar sus preguntas hasta que alguien respondió:

– Estás aquí para responder, no para preguntar.

La voz emergía detrás de alguno de los muros. Con ojos angustiados y alertas Alfonso buscó el sitio donde la voz provenía; alcanzó a distinguir una ranura en la losa gris. De otra dirección del recinto hexagonal llegaba una pregunta.

– Queremos conocer a tu hijo Carlos. ¿Cómo es él?

– ¿Carlos?... ¿Por qué?

– ¿Cómo es tu hijo Carlos?, repetía la voz.

– Explíquenme, ¿qué ha hecho él? ¿Qué he hecho yo? ¿Por qué?

Confundido y titubeando empezó la descripción de su hijo:

– Carlos es un muchacho de trece años. Es alto y rubio como yo, tiene una cicatriz en el hombro izquierdo debido a un acci....

Fue interrumpido por otra voz.

– Lo que dices no responde a mi pregunta.

Al resistirse y hacer sólo preguntas sobre su captura, las voces desaparecieron, dejándolo rodeado de un gran silencio; solo en un extremo, humeante, el aroma intenso del café con cacao le hizo incorporarse y dirigirse hacia un escalón interno que circundaba la base de los muros; ahí encontró café caliente, pan de centeno y frutos tropicales. Desconcertado y mirando hacia los extremos se sentó en el escalón y con asombro ingirió el delicioso y fresco desayuno. El miedo se disipó de su mente y pareció estar dispuesta a afrontar la situación que se le imponía.

– Por favor, vuelvan, ¡les responderé, les responderé…!

* * *

—...He llamado a casa ya dos veces y no contesta nadie...

— Llama de nuevo Clarita... empiezo a preocuparme.

La larga sobremesa fue hoy más silenciosa que nunca: pocos comentarios y algunas miradas furtivas verificando la hora. El esposo de Cristina que leía en un extremo del salón, se inclinó a encender la lámpara de mesa pues ya la luz no le era suficiente. De improviso y con paso decidido se dirigió a su despacho y sin decir nada, cerró la puerta y marcó precipitadamente el número de información.

¿Información sobre personas desaparecidas?... No, no sé con exactitud si desapareció ayer por la noche o en la madrugada de este domingo... De acuerdo, en este momento llamaré a su esposa para completar la información que necesita. Dé aviso a las autoridades... ¿Después de 48 horas? Está bien.

¡Clara...., Clara! Necesito que vengas, yo conozco a Alfonso y es por eso que lo he reportado como persona desaparecida...

¡No, no es posible!; no creo que sea así de grave, ¿o sí? Dios mío, pero... ¡Sí, es mejor que nos ayuden a buscarlo!

Al teléfono, Clara completó la información y todos procedieron a llamar a cada uno de los parientes y amigos que pudieran saber de su paradero. Cerca de las once de la noche, se retiraron a sus hogares con la esperanza de recibir noticias sobre Alfonso. Desesperante espera. Sin conciliar el sueño la familia vio amanecer otro día... ¿y, qué hacer?.... ¡Esperar!

El Departamento de Policía y el mejor amigo de Alfonso, abogado de oficio, emprendieron la búsqueda apenas amaneció. Procedieron a buscar posibles huellas dactilares que al menos dieran un indicio, pero los especialistas, sorprendidos, constataban que no había ningún signo de violencia, ni huellas al interior o exterior de la casa. Mismo procedimiento en las oficinas corporativas; interrogatorios a cada miembro del personal y a los familiares y sólo un gran silencio como respuesta. Guardias las veinticuatro horas para observar cualquier movimiento, pero todo estaba en la más absoluta calma. Ni siquiera el complicado sistema de alarmas infrarrojas, colocado por toda la mansión, había detectado alguna irregularidad. Ya habían revisado su buen funcionamiento. Era imposible que alguien entrara o saliera de esa casa sin que fuera advertido por el sofisticado sistema. Todos estaban desconcertados.

Clara, por vez primera, parecía reaccionar ante el acontecimiento; al menos así lo indicaba su conducta caótica. Por otro lado, Carlos aprovechaba para ausentarse de la escuela en aras de acompañar a su abrumada madre y deambulaba mecánicamente por la casa: del cuarto de televisión a la cocina, intercambiando platos vacíos por otros llenos de diferentes botanas y bebidas. La niña, por sugerencia de su abuela, asistía al colegio donde, apoyada por profesores y compañeros, proseguía sanamente con sus deberes, incluyendo sus recreos. Clarita, trabajando, pensaba con fe en el pronto retorno de su padre.

Clara había pospuesto por hoy su larga rutina de embellecimiento y por fin se decidía a actuar según prioridades. Ahora le pedía a Carlos que se incorporara al colegio, pero se encontraba con una resistencia pasiva. A su corta edad ya era experto en la negociación; le decía a su madre con vehemencia:

– No puedo dejarte sola ahora que papá ha desaparecido.

– Carlos, le replicaba, no has estado conmigo ni un momento, sólo has estado frente al televisor o al teléfono; será mejor que asistas al colegio para que no te atrases en tus materias, además no puedes hacer nada por tu padre. Yo estaré al pendiente de los reportes de la policía; yo te informaré.

– Claro, yo no sirvo para nada, no me necesitas... como quieras.

– No, hijito, no es cierto. Entonces...

Antes de que ella terminara, ya Carlos había arrojado los libros en el sofá y se dirigía a su habitación. Clara, como de costumbre, sólo entornó los ojos con gesto de desaprobación y se dirigió al teléfono para llamar a casa de su madre; ésta no se atrevía a preguntar a su hija cómo pasaba esos terribles días.

Los acontecimientos la sobrepasaban, como siempre.

* * *

III

EL INTERROGATORIO

La inscripción "Templo de la Conciencia" estaba claramente grabada en el dintel del Centro de Justicia, los pesados muros que emergían de su base hexagonal le daban un aspecto de fortaleza. Las cinco calzadas que convergían representaban los caminos de la búsqueda de la verdad, que la edificación parecía resguardar. Los sinodales, un grupo de sabios, tenían por vocación guiar los interrogatorios para encontrar la luz de las acciones escondidas falsamente en la oscuridad. Detrás de los muros interiores del hexágono sobre sitiales de madera, aparecieron solemnemente los cuatro jueces encargados del interrogatorio. Salientes, enormes lajas de piedra servían de pódium y atril para un códice, un ábaco, amate y plumas de quetzal. Cada uno especialista en su campo, estaba detrás de una enorme roca caliza, con una ranura casi imperceptible a la altura de la boca; dieron inicio al juicio imparcial en el que sólo se escucharía el alma del interrogado expresada a través de su voz. Ninguno de entre ellos, conocería su corporalidad.

La primera sinodal era una sabia anciana que portaba una tilma blanca con aplicaciones polícromas de triángulos entrelazados, símbolos del conocimiento y la investigación. Su rostro estaba surcado de líneas que decoraban su tez morena, definiendo sus facciones mayas. Con serenidad y firmeza dirigió a Alfonso su primera pregunta:

– ¿Cuáles son las cualidades y cuáles las debilidades de tu hijo Carlos?

Alfonso se sentía en medio de una nebulosa, no podía definir las bondades de su hijo, sólo tenía destellos imprecisos que se opacaban de inmediato con la sombra de la característica opuesta. Cavilaba...: es inteligente pero..., no tiene éxito en su aprendizaje; es fuerte, pero parece no tener energía para ninguna actividad; es cariñoso..., pero me ignora; es tan constante... para pedirme cosas... Todo se contradecía. No podía creer que después de trece años Carlos su hijo, le fuera tan indescifrable. Un silencio apremiante le esperaba. No atinaba a responder.

– Dime alguna de sus cualidades, alguna que forme parte de él mismo, de su esencia.

– Carlos es... es... alegre.

En silencio buscaba otra característica perdurable en la personalidad de su hijo, pero sólo encontraba un vacío abrumador y escasas respuestas claras a esta segunda pregunta. Entre dientes respondía:

— Carlos es egoísta..., violento..., desordenado... No sé por qué. Como queriendo borrar lo dicho, prosiguió:

— He vivido con él toda su vida..., quiero decir lo he visto crecer... le he dado todo lo que necesita. Para eso trabajo, para él, para mi familia; en realidad considero que he sido buen padre; me esfuerzo para pagarle una buena educación. He procurado darle buen ejemplo siendo un ciudadano honrado y trabajador. Pertenezco a agrupaciones de ayuda social y a la mesa directiva de los colegios de mis hijos. No tengo mucho tiempo para convivir más con ellos, por eso mi esposa se dedica exclusivamente a su educación. Quizás para ustedes sea difícil entender nuestra realidad vertiginosa, llena de tensión y problemas.

— ¿Por qué hablas de ti? Si quisiéramos conocerte como padre lo haríamos a través de tus hijos, así como te conoceríamos como esposo, por tu esposa. Ahora queremos conocer a tu hijo a través de tu paternidad.

Alfonso se sonrojaba ante sus débiles argumentos con los que en otras ocasiones cubría su culpa y la traducía en autocomplacencia. La anciana lo escuchaba, su mirada reflejaba desaprobación y compasión.

El anciano de la tilma roja con el glifo en forma de círculo concéntrico tomaba la palabra. Su rostro adusto e impenetrable marcado por surcos profundos, reflejaba las huellas del dolor. Sin embargo su mirada transmitía una gran paz, la que se alcanza por la aceptación y la entereza.

– ¿Cómo fue la primera infancia de tu hijo?

– Tuvo mucha libertad, pudo conseguir lo que quería, hacer su voluntad, expresar libremente la ira, el aburrimiento, el deseo, la satisfacción. Era un niño fuerte y activo que deseaba dirigirse por sí mismo: no quise coartar su libertad. Lo dejé ser... Fue un niño feliz, libre.

– La libertad, Alfonso, radica en la capacidad de elección. ¿Pudo Carlos elegir entre trabajar o hacer nada; entre rebelarse o aceptar una frustración; entre ordenar o desordenar; entre callar o discutir; entre proteger o destruir?

– No – respondía abrumado y aceptaba en silencio. Carlos es esclavo del hacer nada, de la rebeldía, de la autocomplacencia.

No podía seguir respondiendo, sentía vergüenza y compasión por su hijo.

La tercera voz provenía del anciano de la tilma verde: su tono era grave y pausado; su voz resonaba en la oscuridad como una centella en medio de la lluvia. En su tilma llevaba el símbolo de la tormenta vencida por un haz de luz que la coronaba; su figura era tan frágil como indomable su espíritu.

– Alfonso, ¿Qué te preocupa de tu hijo?

– El mundo que le tocará, un mundo agresivo, egoísta, en plena decadencia moral.

– Crees que tu hijo será víctima cuando quizá sea verdugo... No debes preocuparte por el mundo que vivirá tu hijo, sino por el daño que él pueda causarle por la escasa formación que le has dado. ¿Sabes quién es el generador de esta desgracia?

Silencio como respuesta...

Conforme escuchaba las voces sin rostro, menos argumentos podía fabricar; se sentía desnudo interiormente y a la vez extrañamente liberado del engaño social o de la autocomplacencia neurótica.

– ¿De qué manera se responsabiliza tu hijo cuando comete algún error?

– Carlos es muy audaz, es un gran solucionador de problemas y aunque él mismo los genere, sabe encontrar quien le ayude a salir ganando.

– ¿Llamas audacia a la delegación de sus responsabilidades?... ¿Sabe lo que significa prevenir?

– No se lo he enseñado, –reconocía gravemente.

Alfonso quería dejar hablar a su imaginación, pero ahora no podía mentir y no encontraba razones para pensar que Carlos pudiera llegar a ser una persona productiva. En cambio temía que pudiera caer muy bajo, esto lo hacía permanecer en un silencio paralizante. Su instinto de abogado había desaparecido y lo había dejado como un novato tartamudo y sin argumentos. El orgulloso Alfonso no tenía palabras para replicar a los cuestionamientos de aquellos hombres como él lo hacía con arrogancia a cualquier otra persona.

Dejando esta respuesta para más tarde, una pregunta le informaba.

– ¿Crees que tu hijo sea capaz de emboscar, mutilar y matar?

Alfonso se llevó las manos a la cabeza desesperado, y asintiendo con su actitud, descontrolado, preguntó:

– ¿A quién? ¿Cuándo?... ¿Dónde?

– A un compañero chimpancé que, amistoso, le tendía su mano –contestaba una voz.

Alfonso reaccionó apenado, dando justo valor al hecho, pero la inconsciencia de la costumbre le hizo comentar impulsivamente.

– ¡¿A un mono...?!

Una cuenta más resonaba al chocar con el borde izquierdo del marco. Los sinodales recorrían una ficha de ábaco a izquierda o a derecha, según juzgaran la inconsciencia o el conocimiento de los hechos y de las conductas.

Los ábacos arrojaban, sin palabras, el balance final. Dos cuentas representaban débilmente la conciencia, sólo un pequeño destello, como el que Alfonso percibía de su hijo. Abrumadoramente, la inconsciencia, las seis restantes, reflejaban ansiedad en su rostro... Un hijo, su hijo, participaba de esta inconsciencia y él, su padre, era el responsable.

La primera fase del interrogatorio conseguía su objetivo: despertaba la adormilada conciencia del padre. Ahora podía percibir a su hijo con más claridad, podía verlo sin estar en su presencia, escucharlo sin que hubiera pronunciado palabra y sentía vívidamente una mezcla de ira y compasión, decepción y esperanza, rechazo y amor. Estas contradicciones lo impulsaban a actuar, a corregir, a liberar, a guiar, a amarlo de verdad.

Alfonso pronunció con voz conmovida:

– Lamento todas las preguntas que no le he respondido; las respuestas que pospuse y olvidé; las posibilidades de éxito que no le ayudé a alcanzar; los modelos de que le he privado. Soy parte de su adicción a recibir, a engañar, a herir; a su búsqueda obsesiva de diversión, de irrelevancia, de irreverencia. Carlos me necesita, sé que estoy a tiempo, quiero rectificar, quiero intervenir. Seré parte de su verdadera libertad, lo acompañaré en sus fracasos, lo guiaré. Quiero volver... ¡Permítanme volver!

La voz de trueno respondía:

– Los deseos y las intenciones se desvanecen en un instante como la propia vida. No estás preparado para andar el retorno. Entre la intención y la acción está la conciencia; te ayudaremos a descubrirla. La inconsciencia es el nuevo opio de la humanidad y su justificación preferida para no cumplir su vocación de grandeza. Descansa ahora Alfonso, alimenta tu cuerpo para que tu espíritu permanezca vigilante. Y diciendo estas palabras, los sinodales se retiraron en silencio.

Alfonso se concedía escasos momentos para meditar, para reflexionar y cultivar así la semilla de la conciencia. De hecho temía al silencio; le angustiaba por enfrentarlo consigo mismo. La reflexión era un espejo al que no quería mirar. La gran ciudad privaba a sus habitantes de espacio y tiempo para verse con claridad; por esa razón producía personas alienadas, con escasa identidad y menos dignidad. Los mayas conocían profundamente estos ecos y reflejos que los habían convertido en un pueblo sabio.

El silencio, tan temido por Alfonso, era ahora un sedante necesario. Se daba cuenta que el silencio no es ausencia de palabras, sino intensidad de pensamiento. Lo estaba viviendo profundamente, casi con satisfacción.

Después de unas horas de aislamiento y alimento, al caer la tarde, una voz solemne inició la segunda fase del interrogatorio.

– Alfonso, el presente no es un evento aislado, sino el producto de una historia. El despertar a la conciencia implica responsabilidad sobre ella; de otro modo, estaríamos condenados a repetir nuestros errores una y otra vez; es el destino trágico del inconsciente.

La voz grave del juez despertó muchos temores en Alfonso. No alcanzaba a comprender hacia dónde lo conduciría el misterioso interrogatorio. ¿Por qué tenía que aprender tantas cosas en tan poco tiempo? ¿Por qué nadie le había iniciado en el arte de la paternidad, del que ahora le pedían cuentas tan severas? En su interior estaba decidido a dar lo que fuera necesario para recuperar el tiempo y corregir los errores que ahora sólo vislumbraba en la sombra. El sinodal proseguía:

– Un hijo es parte del entramado de la historia paterna. A través de nuestras preguntas serás consciente de tu participación y responsabilidad en la historia de Carlos.

Recuerda que la principal herencia no es tangible y que los primeros años de la vida dejan profundas huellas.

– Sí. Ahora sí lo comprendo. Pero debo aducir como defensa que nadie me lo había planteado de ese modo.

– La inconsciencia es una hidra de muchas cabezas, a cual más peligrosa, porque genera fantasmas imposibles de atacar y para colmo, se justifica a sí misma, como lo haces tú ahora.

Alfonso empezaba a comprender en cabeza propia que la inconsciencia es un estado que forma una segunda naturaleza en cualquier persona y la subyuga rápidamente mediante pensamientos incoherentes, ilógicos, cómodos e inútiles, como ella misma.

– ¿Cómo fue la bienvenida de Carlos a tu familia?

Por un momento Alfonso consideró que enfrentaba una pregunta fácil. Con orgullo respondió:

– Fue nuestro primogénito y como toda familia, lo esperábamos con entusiasmo. Mi esposa tuvo todos los cuidados médicos necesarios. Si hubo un niño que tuvo una bienvenida excepcional, fue Carlos. Todavía recuerdo el bautizo que reunió a abuelos y tíos, a todos los amigos y compañeros de trabajo. Fue un largo día en el que Carlos pasó de brazo en brazo, recibiendo cariño y reconocimiento. Quizá por eso es tan alegre, tan festivo.

– Eso es una parte de la realidad, Alfonso, la otra cara de ese acontecimiento no es tan halagüeña. Carlos fue convertido en un pretexto de adultos. No fue respetado su suave despertar al mundo de los visibles.

Alfonso reflexionaba en voz alta:

– Siempre hemos tenido una vida social muy intensa. Es verdad, Carlitos siempre se adaptó a nuestros deseos...

– ¿Cómo fue el ambiente emocional de tu matrimonio durante el período de gestación?

Alfonso temía esa pregunta. ¿Por qué cuestionaban exactamente lo más doloroso? Sabía que sería imposible engañarlos, por lo que prefirió enfrentar la realidad.

– Desgraciadamente no fue un buen período. Mi esposa tuvo muchas molestias, se quejaba demasiado y yo no le tenía paciencia. En los últimos meses ni siquiera pudimos tener relaciones sexuales y esto incrementó la tensión en nuestro matrimonio.

– La Jacaranda no nace cuando ha salido de la tierra; el primer tallo ya ha vivido varios meses bajo el suelo y de esa vida imperceptible depende su futura floración. La bienvenida de tu hijo empezó desde esos días. Carlos antes de nacer ya había probado el amargo sabor de las emociones negativas que tú y su madre generaron.

Con sencillez y afecto el juez prosiguió su enseñanza, que era una mezcla de medicina y psicología.

– La relación de un padre con su hijo en esos primeros nueve meses es a través de la madre. Deberías haberla cuidado y protegido, ya que sus emociones se traducían en respuestas hormonales que llegaban a tu hijo viajando por su torrente sanguíneo.

Alfonso encontraba el razonamiento muy lógico, pero le molestaba que lo acusaran por desconocerlo. Hubiera querido defenderse, pero ya conocía anticipadamente la respuesta maya y la exigencia de una mayor conciencia. Guardó silencio al recordar haber ignorado este tipo de información, por parecerle demasiado científica. Como abogado sabía que no es suficiente la ignorancia de una ley para eximir de la responsabilidad.

El sabio maya continuó:

– En nuestra cultura, toda madre permanece en cama, envuelta en una manta hasta un mes después del nacimiento del bebé. El niño está cerca de ella y toda la familia se hace cargo de ambos en todo sentido. La única obligación de la madre es velar por sí misma y por su bebé. Todos le hablan con voz infantilizada y ella también lo hace. Por un mes ella es un bebé ante los ojos de la familia. Este cuidado a la madre es la mejor bienvenida al nuevo ser humano. Nuestros niños y adolescentes son felices; han entrado a la vida rodeados de protección y cariño.

Alfonso imaginaba el contraste con su propia familia y recordaba la cadena de reclamaciones a su esposa porque estaba cansada y él consideraba que era una hipocondríaca. No logró entender nunca la recuperación de un parto; este maya planteaba con tal claridad la entrada a la vida, que lamentaba profundamente su torpeza.

– ¿Cómo fueron los primeros meses en la vida de Carlos?, –otra voz preguntaba.

– Casi no lo recuerdo… Pensaba que siendo bebé, sólo había que cuidar su alimentación y salud. Mi esposa se dedicó a atenderlo, recuerdo que fue muy cuidadosa los primeros meses, después otras personas se hicieron cargo de él porque ella tenía muchos asuntos que atender. Carlitos era un bebé muy sonriente, pero también muy llorón, como todos los bebés…

– Lo más importante en la vida del bebé es la relación directa con su madre y la protección de su equilibrio.

– ¿Será por eso que…? Sintió un escalofrío al darse cuenta de la precoz tendencia de Carlos hacia la sobre–estimulación, a las experiencias limítrofes incluidas velocidad y alcohol. Ingenuamente había considerado que era por la influencia de los medios y de los amigos. ¿Cómo era posible que ellos, sus propios padres, hubieran sembrado esa peligrosa semilla a tan temprana edad?

Empezaba a agradecer entre dudas y certezas este secuestro. Sin embargo sentía una terrible culpa que incrementaba su presión arterial; la sentía en la cabeza y en los fuertes latidos en el pecho. Ahora era él quien pedía mayor información a su juez.

Estoy viendo con claridad meridiana el pasado de mi hijo, quiero saber más.

No es el momento, –dijo en voz baja el anciano. Necesitas un poco de silencio, encontrarte contigo mismo para que puedas aprender. Así podrás encontrar tus propias respuestas. Cambia tu culpa en responsabilidad. Si analizamos el pasado, no es para regresarnos a él, porque sería inútil y árido. El ayer sólo debe servir para fertilizar el presente y convertir en experiencia lo que viviste lejos de ti mismo. Hemos terminado la primera parte del segundo interrogatorio. Te quedarás en soledad para que puedas asimilar tu historia; de otro modo habremos perdido el tiempo.

Sin mediar palabras, el viejo maya desapareció seguido por los demás sinodales.

Alfonso no sabía cuánto tiempo había durado esta parte del interrogatorio; poco importaba. Lamentaba haber perdido el despertar de Carlos; ni siquiera su madre lo había presenciado, fue la sirvienta quien más disfrutó su infancia, era ella quien más lo había arrullado y mimado. Ella quien lo había acompañado en los días de enfermedad, mientras ellos, sus padres, realizaban trabajos "importantes". Ella había presenciado el primer diente que había mudado; le había prodigado los cuidados que su instinto le dictaba, pero no era su madre. Y los sustitutos del amor nunca son suficientes. Recordaba que la entrada de Carlos al colegio, lo había sorprendido en un viaje de negocios a Londres y no pudo presenciar la respuesta agridulce de la separación del hogar para integrarse en la nueva micro–sociedad. Ella, la sirvienta, había animado a Carlos a iniciar con entusiasmo el despegue a una nueva etapa. Lo entendía trece años después... ¿No era un motivo suficiente para llorar? Abundantes lágrimas brotaron de sus ojos porque le sangraba el alma. Ahora sabía que la inconsciencia sólo duele cuando se experimentan sus efectos demoledores en el espíritu humano. Se quedó dormido. No supo si por un mecanismo de defensa o por agotamiento psicológico.

El sueño en la selva maya era un estado transitorio, intermedio que jamás había experimentado: una sensación que explotaba la riqueza del subconsciente. El despertar a la conciencia era también la apertura a un horizonte más rico y ciertamente desconocido. La fuerza de las palabras mayas se prolongaba durante el sueño, provocando una paz interior nueva y gratificante.

El amanecer de la selva es siempre nuevo. Los sonidos del quetzal, de los alegres monos, del tzentzontle y de los grillos, generan una armonía fantástica que sintoniza a los habitantes de esos paraísos perdidos. Aun el rugido del jaguar es una nota en la sinfonía silvestre. Alfonso despertó con la sensación del bebé en brazos de su madre: seguro, feliz, en paz consigo mismo. Por primera vez no sintió la molesta necesidad del cigarrillo que atenuaba artificialmente el malestar de esas interminables noches sin descanso y de esos días sin destino. Permaneció unos minutos disfrutando su anexión a la paz de la naturaleza.

El día anterior había sido una mezcla de punzantes dolores, descubrimientos y esperanzas…, como una rehabilitación. Esa era la palabra: se estaba rehabilitando como ser humano, como padre, como esposo. Sabía que había deformado lo que había tocado con su miseria. Una muestra de ello, su hijo Carlos que a sus trece años ya conocía el vacío existencial; pero no era una casualidad. Ahora entendía que el primer efecto de la conciencia era la aceptación del problema.

Xalanqué era todo ebullición; se escuchaba el ruido propio de la implicación en el trabajo. La organización de un pueblo armónico se proyectaba en un ir y venir de personas de rostros sonrientes, que consideraban sus trabajos más como un privilegio que como una obligación. Alfonso observaba desde su ventana aquel espectáculo de auto–realización y enriquecimiento social. ¡Qué diferente la parecía el ambiente de trabajo en Xalanqué al que él vivía en la gran ciudad!

El trabajo en el mundo de la inconsciencia se convierte en competitividad continua, como si la vida fuera una constante guerra. ¡Qué poco sabía del gozo del trabajo productivo, cuando su interés constante era sólo ganar dinero, tener más que sus competidores y encontrar nuevas formas de negocios! La inconsciencia es compañera inseparable del egoísmo.

La voz de la anciana de la tilma amarilla surgió a través del enorme portón de su celda y lo saludó de una forma extraña:

– Percibo en tus ojos el brillo de Venus.

– Buenos días. ¿Qué me has dicho?

– Venus es la estrella del ave fénix. Empiezas a renacer y tus ojos destellan de vida, lo sé aún sin verlos.

Alfonso estaba extrañado. Sentía como si un nuevo espíritu se hubiera encarnado en una estructura corporal antigua. ¿Otro efecto de la conciencia adquirida?

El interrogatorio continuaba; sin embargo el procedimiento era diferente. Ahora Alfonso preguntaba, buscando causas de los problemas que presentaba su hijo y los jueces funcionaban como asesores. La arrogancia no puede convivir con la conciencia.

– ¿Por qué mi hijo Carlos ha sido tan renuente a la disciplina? Ahora recuerdo las enormes dificultades que hemos tenido su madre y yo para que aceptara las normas. Muchas veces recibimos quejas de su escaso sentido de disciplina. Siempre pensamos que habíamos tenido un hijo especialmente difícil, inquieto y rebelde. Nos sentimos más de una vez como víctimas del destino. Buscamos ayuda en despachos psicológicos, en psiquiatras, porque estábamos preocupados por el futuro de Carlos. ¿Qué hicimos mal?

Las adustas voces de los jueces se habían suavizado y reflejaban una gran complacencia y satisfacción. Alfonso tenía una actitud abierta; su rigidez, fruto de la estupidez y altanería, había sucumbido ante la sabiduría y se proyectaba en un sentir muscular relajado. Recordó la frase que su padre le había dicho hacía tiempo y que había relegado en el archivo muerto de la mente: "cuando el alumno está preparado, aparece el maestro".

– Alfonso, ¿por qué te sorprende que tu hijo no escuche si él no fue escuchado, que no respete a los demás si no fue respetado? ¿Cómo pedirle que siga normas básicas de convivencia cuando su ritmo y necesidades básicas fueron ignoradas? Un árbol da frutos sólo si recibe oportunamente calor, agua y nutrientes. Recuerda, cuando a partir de los dos años, tu hijo exploró los límites de la vida, él deseaba conocerlos. Ustedes no supieron exponerlos. Carlos consideró que no existían y que sólo la búsqueda del placer era el criterio de elección. El capricho sustituyó los límites. Tu excesiva permisividad procedía de tu comodidad y tu distracción casi criminal. Los niños no nacen con disciplina. La disciplina es un regalo tan imprescindible como el amor. Son presentes que se otorgan diariamente, en dosis administradas sabiamente. Como el alimento. Como el aire que respiran.

– ¿Cómo podría recuperar ese tiempo perdido? – interrumpió con voz doliente Alfonso, que acusó el impacto de la lógica.

Reconozco –continuó– que frecuentemente mi esposa me insistía en la necesidad de tener criterios educativos coherentes y consistentes. Ella establecía límites que yo negociaba con Carlos y terminaba cediendo a sus peticiones. Debo decirles que me sentía culpable de no dedicarle más tiempo, casi no lo conocía. Para sentirme bien con él le daba permisos que no debería conceder, corrompí su grandeza con una abundancia material excesiva. ¿Qué hago ahora? –repitió la pregunta con voz quebrada.

Con voz protectora el anciano de la tilma verde le contestó:

– Tienes tiempo… todavía. La vida es un proceso continuo; los acontecimientos son solo señales en el camino. Cuando perdemos de vista el proceso, nos extraviamos en la vida y concedemos un valor determinante a los eventos. Has cometido muchos errores en la educación de Carlos pero son exclusivamente acontecimientos. El pasado no es cadena, ni el futuro tortura. El proceso depende únicamente del presente y ahora que eres más consciente debes generar eventos que cambien el destino de tu hijo. La propia vida te ofrece las oportunidades de que Carlos experimente amor y disciplina en situaciones concretas. Recuerda, eres responsable de sus conductas..., no culpable de sus pecados.

Alfonso respiró aliviado. El efecto Xalanqué en su espíritu era bálsamo y aire fresco. Sin embargo, no se sentía preparado para vivir conscientemente en su mundo; temía que éste tragara velozmente sus buenas intenciones. Deseaba lograr que Carlos arraigara buenos hábitos para así desplazar a los malos. Sólo así volvería la armonía a sus vidas.

Necesitaba mucho más de Xalanqué.

IV

EL CENTRO DE REHABILITACION

Esa noche Alfonso caminaba en el Centro de Rehabilitación; la caminata distendía sus músculos. El manto de estrellas en la oscuridad de la selva parece al alcance de la mano; podía distinguir claramente el cinturón de Orión. Se detenía a intervalos y sus ojos recorrían maravillados los senderos luminosos de la Vía Láctea que parecen desplazarse en el firmamento como un banco de peces; parecía no percatarse de la distante presencia de dos centinelas que lo escoltaban. Más allá, centellante, Venus danzaba tomando formas de ave fénix.

Caminaba con paso sereno. Su espíritu se fundía en la dualidad terrena y cósmica de los antiguos mayas; sentía que estaban trascendiendo en su corporalidad y que su mente, abierta como nunca, le permitía encontrar muchas respuestas. Deseaba continuar indefinidamente su trayecto y disfrutar de la gran satisfacción de vivir integralmente sus experiencias. Sin bajar la vista continuaba su camino, cuando unos contrafuertes cuadrados y un robusto portón entreabierto interrumpieron bruscamente su contemplación de las estrellas. Sin detenerse, descubrió sobre los escalones de la entrada, un albergue y continuó expectante su trayecto. De entre los muros asomaban brazos con las manos extendidas y se escuchaban algunas quejas como murmullos. La tenue luz de la luna soslayaba rostros semiocultos, sombras en movimiento y extensos pasillos de granito, algunos techados, otros a cielo abierto. Le parecía distinguir algún rostro conocido, ¿sería posible?... Llegó finalmente a un recinto estrecho donde no había sino un petate y un banco de piedra. De improviso se encontró completamente solo.

– ¿Quién eres? ¿De dónde vienes?, –escuchaba voces provenientes de los muros de granito.

– ¿Y ustedes quiénes son? ¿Por qué están aquí?

Otra voz ordenó tajantemente que dejaran de comunicarse so pena de no salir al día siguiente. El silencio volvió a imperar nuevamente. Era una experiencia muy extraña todo cuanto sucedía en Xalanqué: las voces contundentes de los indígenas eran pronunciadas sin violencia y trasmitían firmemente las órdenes. Por otro lado, todos cumplían los mandatos sin experimentar sumisión o rebeldía. Un principio de autoridad nuevo para él. Alfonso cerró sus ojos y dirigió el pensamiento a su familia, especialmente hacia Carlos: recostándose en silencio, pudo conciliar el sueño y el descanso que tanto anhelaba.

Radiante era el sol del amanecer del segundo día. Alfonso se incorporó lleno de energía y optimismo. Una parvada de guacamayas cruzaba frente a su ventana y la brisa mecía suavemente el verde follaje. Experimentaba un gran bienestar físico y espiritual; deseaba descubrir, seguir adelante… Después de ingerir el nutritivo refrigerio que se encontraba al pie de la puerta, fue conducido por un guía hacia el hogar donde Alfonso conviviría con una familia indígena similar a la suya. De improviso se encontró dentro de la vivienda, a la vez espectador y protagonista. Ante aquella familia, su presencia pasaba desapercibida, aunque atónito comprobaba que todos le veían y que no se trataba de un sueño: todo era real…., posible.

La familia se preparaba para el inicio de sus actividades y antes de salir del hogar, cada uno cumplía con tareas de beneficio comunitario. Yara lavaba los utensilios del desayuno y Pacal, su hermano, con energía y vitalidad dejaba reluciente a su paso el piso de barro. El padre, en la fachada, hacía funcionar manualmente los molinos de agua para abastecer las dos cisternas de la ración diaria de agua potable y agua de servicio. La madre, habiendo ventilado y preparado las habitaciones, se disponía a abrir la oficina de correos local, que era parte del negocio de la comunidad a la que pertenecían.

Alfonso, sin titubear, se dispuso a seguir de cerca la actividad de Pacal, como si un mandato le hubiese asignado la participación y observación de la vida del adolescente. Le seguía como una sombra, presente pero inadvertida. Tomando el transporte y dirigiéndose al polideportivo, Pacal se unió al grupo de varones que acudía al recinto, con el fin de energizarse corporal y espiritualmente mediante rutinas dirigidas por maestros en ese arte. Las jóvenes entraban al deportivo por su sección y eran dirigidas por guías mujeres especialistas. Diez guías dirigían cada grupo y durante cuarenta minutos procedieron a ejercitar, oxigenar y revitalizar cada parte de sus cuerpos, comenzando por los pies y terminando en el cerebro, hasta lograr el equilibrio entre cuerpo y mente. El sonido del caracol anunció el final de la última actividad y ya mezclados chicos y chicas, corrieron desnudos hacia el río para iniciar a nado su recorrido de un kilómetro y medio a través de uno de los afluentes del Usumacinta que rodeaba el centro deportivo. Salieron a través de una pequeña cascada, para vestirse con las túnicas de estudio, de maxtle, cruzadas, y sostenidas en el hombro izquierdo, a la usanza maya, y como calzado, sandalias de cuero. Se dirigieron a pie al centro de estudios conversando alegremente.

El seguimiento de cada adolescente era personalizado: los profesores y profesoras evaluaban el desempeño y mejoría personal así como la asistencia diaria y la puntualidad. Otro grupo de guías se encargaban de presentarse al domicilio del adolescente ausente, ya sea para confirmar su estado de salud o para llevarle al polideportivo, a pie, donde aunque tardíamente, cumplían con la rutina corporal. Al perder su entrada al centro de estudios por impuntualidad, se les asignaban tareas de ayuda civil como limpieza de calles, tejido de redes, desazolve de canales, reforestación o atención a discapacitados. Serían ayudantes del titular de esa tarea civil que exigiría de ellos y ellas el máximo rendimiento. El número de adolescentes en esta situación era el mínimo.

Alfonso experimentaba ahora lo que era una civilización centrada en el adolescente. Cuando niños recibían de sus padres la primera educación, pero en esta nueva etapa correspondía a toda la sociedad fortalecer y apoyar su camino hacia la vida adulta, adquiriendo más que ningún otro ciudadano, un perfecto equilibrio entre libertad–deber y responsabilidad–diversión. Se les ayudaba a comprender y aceptar sus cambios corporales y la desarmonía ocasionada por esta transición hormonal; a vencer los enemigos ya superados en la infancia, que ahora los embestirían con nuevas y más feroces caras: conductas instintivas, torpeza, inconsistencia, descontrol, violencia, ineptitud, pereza, depresión, aislamiento, indecisión, intolerancia...

Se les ayudaba a encontrar su verdadera identidad, varón o mujer, y a ser responsables de su sexualidad; a actuar correctamente sin advertencias o vigilancia; a salir de sí mismos y darse a los demás; a propiciar su autonomía económica, experimentando el mundo del trabajo; a elegir una profesión y alcanzar sus metas; a expresar sus ideas y a ser tolerantes con las de los demás, y sobre todas las cosas, buscar y conservar un equilibrio físico, emocional y espiritual que les permitiera ser, finalmente, adultos felices. Única esperanza de una sociedad saludable: contar con adultos felices y productivos, sin adicciones.

Ahora Alfonso se encontraba en medio de una multitud de jóvenes que se reunían en el patio principal del centro de estudios, donde convivían, bebían agua fresca en jarros de barro y consumían a placer fruta del tiempo antes de iniciar su rutina de desarrollo intelectual. Se sentía conmovido entre la multitud de alegres jóvenes y a la vez aturdido por un sinnúmero de preguntas que no atinaba a puntualizar. Alzó su mirada y en el remate del edificio, una leyenda parecía contestarle parte de sus interrogantes: "Del mundo de los invisibles venimos. Somos espíritus viviendo una experiencia humana". Su mirada descendió lentamente y en profunda reflexión intentó dilucidar su verdadero significado. Entre la multitud de jóvenes le pareció distinguir a otros hombres y mujeres que, como él, se adentraban en la esencia de una cultura fascinante, llena de respuestas.

Los alumnos se dirigían ordenadamente a sus respectivas aulas. Alfonso se unió al grupo de Pacal. La primera fase llamada "Descubrimiento", les proporcionaba una serie de preguntas que deberían de ser contestadas al final de la mañana mediante investigación, lectura, experimentación y encuesta. Las preguntas eran interdisciplinarias; el trabajo individual. Su objetivo sería encontrar las respuestas y después plantear dos preguntas más que ampliaran el conocimiento adquirido. Alfonso ofreció a Pacal su ayuda, solicitud que fue ignorada por él, ubicando por última vez a Alfonso en la función de observador pasivo.

Los jóvenes se desplazaban libremente para obtener la información en las diferentes aulas donde los profesores especialistas de cada tema esperaban su llegada para orientarlos, o validar alguna hipótesis; también accedían a la biblioteca, donde enciclopedias completas estaban a su disposición, o a los laboratorios experimentales. Pasaban después al área de "Asimilación", donde podían descalzarse, recostarse y repasar los datos adquiridos, en un ambiente de relajamiento; ahí prepararían su presentación al grupo, combinando diversas modalidades.

Pacal había cambiado su ritmo: ahora se veía distraído, cansado y su concentración se veía interrumpida por la ensoñación. Se encaminaba fuera del recinto y no precisamente solo: en su pensamiento iba incluida la imagen de una bella compañera sin rostro que le seguía tomada de su mano. Abstraído la observaba con su mirada, intentando reconocerla, pero su identidad se esfumaba al quedar deslumbrado por los destellos luminosos que emanaban de su rostro... De pronto un tutor dijo:

– ¡Tiempo de ir al centro de asesoría!

Pacal se dirigió allá, acompañado por el tutor que se encargaría de que llegara a su destino, donde sería recibido junto con otros compañeros y compañeras. Conforme iban llegando se integraban a un baile sencillo y rítmico, ahí sacudían la apatía y la ensoñación. Algunos danzaban con vitalidad, otros con desgano, hasta contagiarse de energía y lograr unificarse. Un rocío constante caía sobre sus cabezas, colaborando en su revitalización. Se cerraba la puerta y comenzaba una rutina dirigida. Ejercicios oculares y respiratorios, de animación, relajación y descanso mental. A su alcance tenían pinceles y colores básicos para expresarse mediante la pintura creativa. Este cambio físico y emocional los integraría más tarde a su actividad abstracta. Finalmente, silencio y meditación profunda, que practicaban sentados sobre lienzos de lana o de algodón, para aislar al cuerpo de interferencias magnéticas. De esta manera, su cuerpo colaboraría de nuevo con su espíritu en su gran deseo de desarrollo, a veces oculto en el adolescente pero siempre latente.

El grupo continuaba con brío su investigación, dándose prisa, a fin de estar preparado para la "Convivencia". Después de tomar un refrigerio de fruta, semillas y agua, los alumnos salían hacia el "parque", un jardín con el que contaba cada sección del centro de estudios, donde simultáneamente cincuenta grupos de veinte alumnos entablarían un diálogo académico con los temas de investigación del día. Diez de ellos harían preguntas sobre cada tema y los otros diez las contestarían, una a una. Si no podían responderlas, el tutor de cada grupo lo haría en su lugar. Sería evaluada la respuesta, su profundidad, precisión y dicción. Al finalizar, procedían a la "Actuación" del conocimiento. El tutor vigilaría la veracidad de las exposiciones.

Después de la "Convivencia", salían hacia sus casas para comer en familia. Todos los integrantes preparaban una mesa ricamente decorada, donde se llevaría a cabo el ritual de la comida. Alfonso degustaba con agrado las bebidas de caña de azúcar y la variedad de vegetales combinados con cereales y semillas. Los mariscos y el pescado eran parte esencial de su alimentación. En cada zona de la ciudad, los viveros de mariscos se cultivaban con esmero y la cría de pescado para el consumo era parte importante de la industria de la ciudad. El padre de Pacal dirigía esta importante actividad comercial. Yara sacaba del horno el pan de maíz.

Después de la comida, Pacal revisó su calendario de actividades: por la tarde debía unirse al grupo de mantenimiento escolar "cambul", que un día al trimestre se encargaba del mantenimiento de aulas, sanitarios y jardines. Esta tarea era compartida por los mil estudiantes que asistían a esta sección. No se sentía con deseos de asistir esta tarde; se preguntaba por qué a últimas fechas, todo se le hacía cuesta arriba, por qué su primera reacción hacia el trabajo era negativa y la agresividad resultaba su primera respuesta. Pareciera como si su voluntad no caminara al mismo tiempo que su convicción; sentía que arrastraba ese cuerpo que no le obedecía. Su padre lo observaba con ternura como si leyera los pensamientos que le agobiaban. Se acercó a él para confortarlo, apoyando la mano sobre su hombro tenso. Pacal, molesto, le dijo:

– Déjame padre, no quiero escuchar nada.

Pacal se dirigió a la puerta sin comer y sin apetito, peleando con los pensamientos de su adversario interior. Ni jovial, ni dinámico, ni optimista cruzó por el arco de hiedra el jardín familiar, sin disfrutar del aroma de los tiestos ni escuchar el graznido de las aves que con tanto esmero criaba; con inusual rudeza apartó a su perro, que sumiso se echó a un lado, abriéndole paso. Ni siquiera rozó la estela levantada ante su puerta, ni miró a los ojos de sus ancestros, donde siempre encontraba respuestas a través de sus hazañas sin tiempo; su monólogo interno le impedía incluso escuchar las alegres voces de sus compañeros que se dirigían a su cita de mantenimiento. Por el camino arrastraban los pies con fuerza, levantando polvo al pasar y caminando sin destino, a solas con su confusión; el egocentrismo encontraba presa.

La penumbra de la tarde le era indiferente; sus pisadas recorrieron el ondulado camino, sin notar siquiera que ya la luna le hacía compañía. Al alzar la vista miró un claro entre los árboles y a lo lejos percibió una figura conocida; con ansias quiso reconocerla, pero sólo pudo ver los familiares destellos que siempre le ocultaban su rostro.

A su lado, un hombre la cercaba, entre convincente y coersivo; ella, desesperada y enmudecida, lo resistía. La mujer deseada, idealizada, se le aparecía y ¿un intruso la pretendía? Salió de su hermetismo y un impulso de salvador se apoderó de él; se lanzó sobre el intruso. Su sangre corría con fuerza y daba velocidad a sus piernas que le trasladaban entre la arboleda que parecía desplazarse en contrasentido. El murmullo de una multitud fantasmagórica intentaba disuadirlo, pero ignorándolo, continuó ágilmente hacia la doncella; ella al verle se apartó bruscamente del hombre que la aprisionaba, cayendo sobre un costado sin pronunciar palabra ante la sorpresa. Guiado por la ira, se abalanzó feroz sobre el intruso y cuando se disponía a asestar su febril golpe, detuvo el puño amenazante y mirando claramente sus facciones, exclamó... ¡¿Mátlac...?! –quien a su vez respondió–: ¡¿Pacal...?! Recobrando la cordura, se vio a sí mismo violando el escenario de "Constelaciones", que cada semana eran representadas al aire libre por diferentes grupos de estudiantes, con el fin de cultivar su conocimiento.

No sabía cómo había llegado ahí; al frente, la multitud, el público asistente, le observaba desconcertado, sin reproches y en silencio. Se dio cuenta de que la inconsciencia le había hecho maquinar toda una farsa donde él era el protagonista. Al mismo tiempo un estruendo de risas le hicieron ver la otra cara; algunos preguntaban quién era y otros incluyendo a Yara su hermana, respondían burlonamente: ¡Pacal, Pacal!, quien por no llorar de rabia, terminó entre ellos riéndose de sí mismo. Volvió poco a poco el silencio para dar lugar a la última representación del día; Pacal se sentó entre el público.

Por un costado del escenario se retiraron las estrellas que formaban a Taurus, encabezadas por la gigante y luminosa estrella naranja de su ojo, seguida de sus protegidas las Pléyades, vestidas de azul plateado. Entre ellas, la joven que representaba a la estrella Merope, la séptima de las hermanas a quien Orión, caracterizado por Mátlac, intentaba raptar para hacerla su esposa. Mátlac no podía disimular la sonrisa en sus labios.

Con una bella música de fondo se iniciaba la representación de las estrellas de Orión. Sobre el escenario en declive, desplegaban su representación: el cazador robusto, de espaldas, sosteniendo con su brazo derecho el poderoso bastón elevado: dos estrellas en diagonal, para amenazar a Tauro; también tomaban su sitio la mediana estrella de su antebrazo y las dos pequeñas que en paralelo delinean el dorso de su mano. De la mano izquierda, marcada igualmente por dos estrellas paralelas, caían las diez estrellas en cascada que forman el manto estrellado. Espectaculares y vestidas de blanco y azul, aparecían las tres estrellas gigantes del cinturón, visibles a simple vista; de éste, colgando, la espada, formada por cuatro estrellas en línea diagonal descendente, ocultas por una nebulosa rojiza, la Gran Nebulosa, visible en noches oscuras. Más abajo, Rigel, la enorme estrella que forma el pie derecho de Orión, seguida por cuatro en línea ascendente que completan esa pierna. Se dice que quienes nacen bajo el influjo de Rigel serán colmados de honores y esplendor. Sobre el cinturón, tres pequeñas estrellas horizontales delineaban su espalda: dos grandes cada hombro y una mediana, su cabeza. Las estrellas centellaban conforme su visibilidad real en el cielo nocturno.

Los asistentes tenían a la mano mapas circulares del firmamento con paralelos y meridianos, donde iban trazando las constelaciones representadas y algunas rutas de estrellas, hasta lograr un mapa bastante completo, colorido y personal. Al finalizar la sesión, compartían la contemplación directa, entre alegres intercambios. Un grupo de tutores verificaba la buena ubicación y niños, jóvenes y ancianos disfrutaban de esta actividad común que les hacía gozar aún más sus estrelladas noches caribeñas.

Se anunciaba el nuevo día con una algarabía especial: a coro se escuchaban los gallos, los perros y las aves retozar bulliciosos. Parecía como si conocieran que iniciaba una mañana de sábado y pretendieran obligar a sus amos, chicos y chicas, a dejar sus camas y salir de sus casas para pasar con ellos una mañana al aire libre. Conseguían su objetivo al comprobar que preparaban un sencillo desayuno. Se reunían en pequeños grupos a las puertas de sus casas y se dispersaban por distintas vías hacia la playa o al río. Pacal y sus amigos se dirigieron a su sitio preferido: un risco coronado de helechos y enredaderas, de cuyo interior brotaba un hilo de agua que se despeñaba formando una laguna donde practican su deporte preferido: carreras en canoa. Algunos jóvenes se reunían a las orillas, conversando, y las chicas además entretejían tocados de colores. Recostados en las laderas, otros esperaban a los competidores, conversando. En el riachuelo otros más pescaban y los más pequeños preparaban sus saltamontes para la carrera, anudándoles hilos de estambre de colores para distinguirlos. Con varas trazaban las "pistas", definiendo salida y meta, y llenaban de agua las bolsas de plástico que hacían las veces de "tormentas" de agua, con las que perseguían a los chapulines que saltaban a través de "la pista" hasta llegar a la meta. Una charca con vegetación e insectos flotando, servirían de recompensa a los fatigados saltamontes.

Mátlac esta vez había preferido el "Juego de Pelota" y no quería perderlo, pues era la revancha en la que se jugaban apuestas de "doble turno de mantenimiento" al perdedor. A medio juego llegarían Pacal y demás amigos que desde las gradas apoyarían a su equipo preferido. Pertenecían al grupo infantil, compuesto de chicos de trece a quince años; las reglas eran las mismas que para el partido de adultos, pero con tiempos límite; una hora y media de juego. La cancha de piedra caliza, era una de las más grandes de la zona: setenta y dos metros de largo por veinte de ancho; los talladores de Xalanqué se habían esmerado en su decoración, así que no sólo las dos argollas de piedra perpendiculares al piso estaban ricamente talladas con las imágenes del príncipe escudo solar, Pacal, o de Chaac, dios de la lluvia, sino que los seis muros que formaban cancha y gradas, estaban talladas con escenas conmemorativas de sus ciudades.

En los muros orientales, al centro, el relieve del dios Descendente, representando la ciudad amurallada de Tulúa; en su ángulo derecho, Kukulcán, la serpiente emplumada, rodeada de las aves veneradas: águilas y quetzales; y en el ángulo izquierdo, una talla de la pirámide de Chichen–Itzá. En los muros paralelos, al centro, el templo de las Inscripciones de Palenque, la eterna morada de Pacal; y en sus muros perpendiculares, "El Castillo", de la ciudad de Kobah y sus lagunas pobladas de garzas, flamencos y patos salvajes; y en el muro opuesto, el esplendor de Uxmal representado por el "Observatorio". Enmarcaban este conjunto, bajorrelieves de los símbolos de la zona: el sol, la lluvia y el maíz, intercalados con glifos y conchas bellamente esculpidos.

Mátlac y su equipo terminaban el primer tiempo y se disponían para cambiarse los protectores de piel de venado en caderas, rodillas, codos y muñecas con los que lanzaban la pelota a través de dos aros de piedra perpendiculares al piso. La pelota era como antiguamente, de caucho, sólo que pesaba de dos a cinco kilos, según el nivel de los competidores, y no hasta dieciocho kilos, como antiguamente lo que había producido roturas de huesos y lesiones irreversibles, a pesar de las protecciones; también cubrían sus cabezas y orejas con una diadema del mismo material. La contienda era una prueba de destreza, resistencia y agilidad, que tenían el privilegio de demostrar en la cancha los atletas que habían cumplido con los duros entrenamientos previos físicos y mentales. El juego conservaba aún su esencia de ritual en cuanto a la solemnidad y preparación de sus contendientes, pero se jugaba por esparcimiento, y como formación para la tolerancia y el esfuerzo. Perder ahora, no era morir: era relevar a los ganadores de sus turnos de mantenimiento, tiempo que emplearían en ejercitaciones superiores físicas y mentales, guiadas por maestros y preparadores físicos que supervisaban y regulaban cada juego.

Otros jóvenes mayores, a distancia, disfrutaban de diversas disciplinas, como tiro con arco y flecha, concurso de nudos y amarres o seguimiento de pistas en terreno. A la vez, discretamente cumplían con los turnos de vigilancia que los chicos de esa edad requieren. Hacia el medio día, triunfantes y rebosantes de vida, volvían a sus casas, para comer en familia y prepararse para la gran "Ceremonia" vespertina.

V
LA GRAN CEREMONIA: DE NIÑO A HOMBRE

Llegado el momento y por la tarde, Pacal, sus amigos y los demás adolescentes se dirigieron al Centro de Formación. Intercambiaban miradas cargadas de expectación; compartían en esencia su condición. Unos caminaban alegres, otros resistentes, y otros más a su pesar, se integraban al grupo. Finalmente todos avanzaron conversando.

En el interior del recinto se encontraban ya congregados los varones de Xalanqué: padres, abuelos, tíos, primos, profesores y amigos de cada uno de los jóvenes. Al sonido del caracol, el recinto quedó en silencio y los jóvenes tomaron asiento uno a uno en los sitiales de los sabios que hoy les cedían sus nichos. El tutor más relevante de cada uno de los adolescentes se colocó detrás del sitial correspondiente. Comenzaba la Ceremonia.

El gran Orador, cabeza y mando de la comunidad se acercaba ahora por un costado y se dirigía a los jóvenes:

– Niños queridos: Hoy celebramos el final de vuestro primer ciclo de vida humana. Como cada primavera se renueva el pasto, también nosotros renovamos nuestro cuerpo, nuestro corazón, con el imborrable sello de la infancia. Hoy nuestros ancestros y todos los aquí presentes os reiteramos nuestro amor, ejemplo y guía incondicionales en vuestra nueva jornada.

En medio de rebeldías, rechazo, ira o indiferencia, reconoceremos la grandeza de vuestro espíritu y os ayudaremos a descubrirla. ¡No os perderemos!

Permitidnos luchar junto a vosotros, contra vuestros nuevos enemigos, que son también los nuestros y que hoy os atacan con tanto brío. Que el amor derrote al egocentrismo; la paz venza la ira; la verdad disipe las tinieblas de la ignorancia; el esfuerzo, la apatía y desaliento; el valor el paralizante miedo. ¡No estáis solos en vuestra lucha!

Como niños habéis conocido virtudes como paz, amor, verdad, valor, esfuerzo, las cuales forman parte de vosotros mismos. No las perdáis en la oscuridad de la ignorancia o de la indiferencia. Dejadlas actuar; alimentadlas para robustecerlas.

Habéis adquirido un gran desarrollo, una gran armonía. En esta nueva etapa, vuestro cuerpo será protagonista de intensos cambios. No le cedáis las riendas, permitidle compartir la guía de vuestro indomable espíritu.

Deseamos recordar y compartir vuestra trayectoria hasta este día, para que nos sirva de aliento y de inspiración en nuestro trayecto.

Cada tutor procedió a describir brevemente los talentos de su pupilo, resaltando las áreas de transformación logradas en la infancia. Luego, los jóvenes recibieron de sus manos la tilma blanca, del paso de la infancia a la adolescencia, y la vistieron. La aceptación de la tilma simbolizaba el compromiso de nuevas responsabilidades tales como mayor espíritu de servicio, participación activa en el trabajo y espíritu de lucha y valor ante las dificultades. A su vez, se despojaban de sus ropas, en señal de renuncia a los pensamientos mágicos y conductas irresponsables.

Hoy compartirían con la comunidad el lema que había sido su directriz durante la infancia; lema que habían redactado ellos mismos bajo la guía de sus tutores, en un lenguaje personal, aunque su raíz tuviera tantos siglos como sus ancestros.

Mátlac: No sé…pero aprenderé. No entiendo… pero entenderé.

Tonatiuh: En esencia vuelo, me elevo, aunque en este cuerpo permanezca terrenal.

Ximoc: te escucharé porque me has dado tu amor y confianza.

A su turno Pacal recitaba:

– Mi esencia no olvidaré: Soy espíritu viviendo una experiencia humana.

Los hombres de Xalanqué, representados por cinco jóvenes de veinte años, procedieron a entregar a los jóvenes las ofertas de la sociedad que le permitiría completar su proyecto de vida del que serían protagonistas. Los siguientes dos años serían de experimentación multimodal: recorrerían todas las áreas de desarrollo para volver después al Centro para continuar su formación académica preparatoria a la elección de la profesión.

Esta etapa sería vivencial, serviría como activadora de potencialidades y como canalizadora de la energía vital hacia diferentes áreas. Los chicos recogían un pergamino de cada cesto y durante las siguientes semanas calendarizarían sus dos años de actividades, cuidando de pasar por cada una de las disciplinas existentes.

El área de desarrollo artístico les ofrecía: artesanía, orfebrería, alfarería, cerámica, pintura, dibujo, escultura y talla; instrumento musical, canto, baile y actuación, cocina. Todas supervisadas y guiadas por profesores de estas disciplinas.

El área de servicio a la comunidad consistía en tres horas semanales al cuidado de niños, ancianos y discapacitados, que coordinaban y supervisaban brigadas voluntarias de padres.

En el área de profesiones se incluía la participación en todo tipo de tareas: cuidado y protección del medio ambiente, jardinería, tala regulada de árboles, carpintería, albañilería, construcción, plomería, electricidad, secretariales, biblioteca y archivos.

El área de comercio abarcaba contaduría y legislación, aparte cultivo de mariscos, floricultura, horticultura, fruticultura, crianza de ganado y trabajos de aprendiz en todas las actividades comerciales de la ciudad.

El área de astrología y ciencia comprendía instrucción y experiencia de campo supervisados por jóvenes científicos; el área de enseñanza: profesorado, tutoría; el área de deportes y salud: atletismo, juegos de pelota, acondicionamiento físico, campismo, alpinismo, deportes acuáticos, experiencias de supervivencia y orientación, primeros auxilios, medicina.

En el área social se trataba: urbanidad, mesas de conversación, exposición de quejas, propuestas, calificación de narraciones, comentarios de experiencias positivas y negativas.

En el área de lenguaje manejaban las áreas de lectura, interpretación, apreciación literaria, talleres de ortografía, redacción, poesía y oratoria.

Para el desarrollo espiritual se practicaba yoga, meditación, oración, penitencia, lectura de salmos, versos, religión.

Estas actividades propiciarían la práctica de múltiples virtudes, como lealtad, servicio, disciplina, constancia, iniciativa, honor, compasión, carácter templado, trabajo, ética y moral.

El gran orador retomaba la palabra:

– Queridos jóvenes, deseosos estamos de escuchar vuestras voces, vuestros anhelos, vuestras opiniones y también vuestras dudas. A vosotros corresponde buscar respuestas; a nosotros permitir que las encontréis.

– ¡Os escucharemos!

En la oscuridad del recinto sólo iluminado por la tenue luz de un incensario, la lluvia de preguntas existenciales empezó a caer; provenían indistintas... claras y expectantes de su jóvenes voces. Los sabios de la comunidad, dispuestos a dar respuestas que abrieran caminos, propusieron dos temas esenciales de meditación que abarcaban los temas recurrentes de las preguntas formuladas: Amor y Sexualidad.

– Adolescente... escucha y responde.

¿Si quisieras agua, la buscarías en un espejismo? Su apariencia clara y refrescante, ¿calmaría tu sed?

O si tu cuerpo sin abrigo, sintiera las heridas de un intenso frío, ¿encontrarías en el hipnotizante fuego, calor y cobijo?

¡No!, respondes con certeza, porque dentro de ti una voz potente, te previene: ¡No te destruyas!

Si una fuerza sobrehumana intentara desgarrar de tu cuerpo, el alma, ¿no pelearías por rescatar tu esencia, pues sin ella no serías tu mismo?

¡Sí! ¡Conservarías a toda costa tu equilibrio! Sólo tú lo obtienes, sólo tú lo pierdes. Sólo a ti corresponde la elección entre la dicha y la desdicha.

¿Deseas amor? No es el placer corporal su única fuente; su raíz es intangible y su gozo no perece. No estás hecho sólo de cuerpo, tu espíritu en protesta se yergue. Un placer incompleto te desintegraría. Y ¿quién lo sufriría? sólo tú, el actor de tu vida.

El impulso nuevo que ahora llega a ti a través de tu sangre no es, aunque parezca, más intenso que tu anhelo de felicidad y equilibrio. Y si torpemente pretendieras separar cuerpo y mente, esculpirías en tu joven rostro las primeras cicatrices de la desdicha, las que más duelen, las cicatrices del alma.

El cuerpo no se entrega impunemente, cobra alta su cuota cuando no va acompañado de su inseparable espíritu, timón y sello único.

Antes de ser cuerpo, tú ya existías, ya conocías el amor la belleza, la generosidad y la auténtica alegría, ya tu espíritu gozaba satisfecho. Un cuerpo te hizo visible y al volverte humano, agregaste a tu vida los sentidos y emociones.

Has vivido la alegría intensa de mirar a tus seres amados, experimentando el placer de escucharlos, de transmitirles tu amor en forma de palabras, de abrazarlos. ¡Cuánto amor ya has recibido y has dado!

– De igual manera cuando las satisfacciones espirituales con el ser amado merezcan invitar al cuerpo al banquete, serán saciados tus más íntimos deseos y serás un espíritu humanamente feliz.

No aceptes la propuesta de la desdicha.

No te engañen los maestros de los excesos.

¡Qué atractivos son sus guías y suntuosas sus galas y escenarios! ¡Te invito a que los observes más bien de lejos! Mira cómo seducen a sus presas, las granjean, la desnudan, luego las agrupan según sus miserias y ya en sus garras, las escandalizan y ridiculizan. Y si a sus fines son útiles, las adulan, celebran sus fechorías y sus desdichas, para crear una inconsciencia de masa y lograr fines precisos: encontrar adeptos para no llegar solos... al abismo.

¿Notas en sus muecas, sonrisas, o en sus máscaras, alegría? ¡No te entregues a su orgía!

¡Huye de mentiras y bajezas! ¡Tú mereces la verdadera dicha!

Entrégate a qué y a quién confíes tu felicidad. No la arriesgues, pues no se echa en suerte lo más preciado. La desdicha y la desolación serían un precio demasiado alto para una existencia que apenas comienza: la frágil y definitiva etapa de tu adolescencia."

Me preguntas con ansiedad ¿qué es ser responsable de la sexualidad?

Y yo te pregunto, ¿no eres tú el único responsable de tu felicidad? Sé el actor de tu equilibrio, de tu dicha, sé responsable.

Fuera del gran salón, la lluvia caía como bendición sobre el suelo maya. Era esa cortina de paz que alimenta la vida de la selva, acostumbrada ya a su presencia. El agua es un elemento omnipresente en la vida de la selva: compañeros inseparables. En estos momentos solemnes de Xalanqué, la lluvia era el testigo de la evolución. Como lo es del crecimiento y equilibrio.

Unos minutos de silencio compartido y profunda meditación, cerraron la bienvenida que la comunidad de varones daba a sus jóvenes, promesas de un futuro mejor para la sociedad; deseaban que siguieran prevaleciendo en un mundo empeñado en desintegrarlos y corromperlos.

Estos jóvenes serían como tantos otros que, en distintas partes del mundo, son portadores de una pequeña luz, que por más tenue, alumbra las tinieblas y delinea los auténtico senderos de la felicidad.

De la misma manera que los niños y hombres de la comunidad festejaban la entrada de sus niños a la adolescencia, ahora eran las mujeres de Xalanqué quienes a la luz de sus antorchas y braseros terminaban de decorar con flores, malvas y geranios blancos las macetas de barro sobre las mesas. Manteles amarillos y azules servían de fondo a ricos bordados de grecas, líneas angulares y figuras geométricas. En la cocina el movimiento era constante; cada joven contaba con la ayuda de una pequeña que graciosamente y con apresurados pasos colocaba los jarros y energéticos platillos a base de vegetales, mariscos y caza menor. Vestían sus trajes de fiesta: varias túnicas de maxtle superpuestas y quexquémetls bordados con emblemas familiares, casi escultóricos. Sobre sus cabezas, tocados trenzados de algodón de colores; calzaban sandalias de cuero pirograbadas y polícromas. Canturreaban alegres y ancestrales tonadas mayas y esperaban con ansia la llegada del respetado y admirado contingente masculino de la comunidad.

Un grupo de niñas que apenas rebasaba la altura de las mesas, colocaba el alpiste en canastos que, con cuerdas, jóvenes mayores subían a las pérgolas de enredadera, para contar con la hermosa compañía de quetzales, guacamayos, loros y tucanes. Gardenias silvestres, orquídeas y retamas perfumaban y decoraban las bases de las columnas y ya la luna asomaba anunciando la tan esperada llegada.

Transcurrió la gran noche entre risas, cantos, bailes y música. Las penas, enfermedades o sinsabores no acudieron a esta cita. La armonía y felicidad logradas por el amor compartido vibraban en el ambiente como alegres campanas. Un día más dejaba honda huella en Alfonso, que sin darse cuenta reflejaba en su rostro una sonrisa satisfecha.

VI

EXPERIENCIAS COMPARTIDAS

La casa de Pacal quedaba atrás. Alfonso se alejaba por la vereda que lo conducía de nuevo al Centro de Justicia. El sendero circundaba la ciudad y a lo lejos las casas se iluminaban por dentro con tenue luz de velas. Otra noche en la ciudad escondida.

–La llevaré conmigo, murmuraba.

Al llegar al Centro, dos centinelas le abrieron paso y él sin dudarlo cruzó el pasillo que le conducía a su antigua celda. A lo lejos, una luz mortecina y un murmullo de voces que le parecían familiares le hicieron pasar de largo frente a su puerta para doblar al final del pasillo y encontrarse ante un portón cerrado. Abrió sin llamar a la puerta y al entrar a la celda, intentó reconocer alguno de los rostros que ahí se encontraban. Sus expresiones reflejaban una gran capacidad de comprensión y empatía. La puerta se cerró tras él y sus miradas transmitían la sacudida interna que todos compartían. Seis seres humanos que sintetizaban paradigmas familiares: seis misterios colectivos frente a frente. Sin palabras, establecían una profunda comunicación.

Bajo la ventana, Rebeca repasaba lentamente una historia marcada por la frustración y el fracaso. Ante los ojos de todo el mundo era una profesional de la comunicación, admirada por muchos y envidiada por más. Su programa de televisión mantenía altos *ratings* de audiencia y su cara era conocida en todos los ambientes. Muchas veces había deseado regresar al dorado anonimato que en estos días de aislamiento disfrutaba. En el altar del éxito profesional había inmolado su relación matrimonial, para convertirse en un emblema de los foros televisivos. Los demás no la habían reconocido al principio, sin maquillaje y sin su arrogancia proverbial. Se sorprendía al constatar que llevaba varios días sin fumar; había probado todos los métodos "mágicos" que ella misma había anunciado, sin ningún resultado. Ahora sabía que su adicción era el resultado de la intranquilidad interior y de una severa deficiencia de evaluación y autodisciplina.

Su desaparición había levantado una ola de comentarios en todos los medios de comunicación y una inquietud curiosa entre su público. Todos los periódicos habían puesto en primera plana diferentes versiones sobre su misterioso paradero. Definitivamente era un personaje, dado el impacto advertido en todos los ambientes y sobremesas.

Rebeca rompió el silencio, sólo acompañado por el sonido de la lluvia torrencial que día a día refresca la selva al anochecer.

– He aprendido a un costo altísimo que la falta de armonía personal genera logros en una dimensión y cobra amargos deterioros en áreas medulares de la personalidad. El mundo en el que vivo es caótico y turbulento; para mantenerte en la cima debes enterrar en ocasiones tu vida personal o tus intereses más preciados. La televisión es una pareja celosa y absorbente. En mi trabajo no cabían ni mi esposo ni mi hijo.

Rebeca tenía la cara larga y un gesto dolorido. ¿Dónde había quedado la soberbia de Rebeca, la presentadora de televisión conocida por sus desplantes de prepotencia y capricho? Hoy no necesitaba la armadura que protegía su inmensa fragilidad psicológica, que era su escudo defensivo.

Su divorcio había marcado un antes y un después en la vida de su hijo. El pequeño Daniel había caído en la orfandad funcional provocada por su egoísmo.

– En la balanza coloqué a mi familia y a mi profesión... –lloraba—Fue mi elección. Perdí la perspectiva y la dimensión en la vida, me aferré torpemente a expectativas mágicas centradas en un presente que se evapora en las manos.

Se había especializado en los "talk–shows" al estilo amarillista, siguiendo religiosamente la norma del mercado: al cliente lo que pida. La masa es una fiera ansiosa de dolor ajeno, así que emprendió la búsqueda más deprimente: la caza de temas escandalosos. Había que echar carnaza a la bestia de la morbosidad colectiva. Rebeca había formado un circo para la multitud que, pasiva, la seguía ante el televisor todas las noches, de lunes a jueves. Por su programa desfilaron los personajes más insólitos, los casos más degradantes, las mentiras más groseras. Los ratings la mantenían, llenaban su casa de lujos, la abrumaban de halagos..., pero la vaciaron por dentro. Ahora sabía que el circo continuaría, pero sin uno de sus payasos. No sería ya parte del creciente y lucrativo gremio de los "desorientadores profesionales". En la comodidad de la inconsciencia, no había visto el enorme daño social que causaba, la destrucción que generaba, semejante a la que causa un misil lanzado a control remoto, donde no se observa la sangre ni se escucha el llanto. Ella, desde su escenario, detrás del maquillaje y del rictus de felicidad, no podía apreciar los espíritus desgarrados por sus programas de contenido infrahumano.

Esa misma inconsciencia no le permitió observar cómo su hijo perdía identidad. El divorcio había dejado a Daniel doblemente huérfano: su padre era sólo un recuerdo y el éxito profesional le había arrebatado a su madre. Herido, culpaba a los dos de su orfandad y de algo estaba seguro, no se parecería a ninguno de ellos.

— La identidad de un hijo, ahora comprendo, se forma por modelaje y se define por imitación y contraste, con los padres principalmente. Es un regalo familiar existencial que muchos disfrutan por fortuna.

Daniel como tantos huérfanos creó su propio modelo con los productos ambiguos de la mercadotecnia que tenía a la mano y fue golpeado sin mediación por una civilización que se deleita desintegrando a sus futuros protagonistas. Ahora, ocho años después, es un adicto consumista que se contenta con pertenecer a la popular y dolorosa estadística de la confusión y de la identidad extraviada. No olvidaré aquel día cuando me atreví a preguntarle –recordaba–: "Hijo..., Daniel... he sabido...no sé cómo preguntarte...Daniel me miró con su gesto característico, defensivo y lejano. "Mamá, sé a qué te refieres. No tienes por qué preocuparte, todos a mi edad hacen lo mismo. Si te refieres a si me meto algo, sólo lo hago cuando yo quiero, sólo lo hago socialmente". Subrayó la palabra socialmente como para despersonalizar sus conductas, con la esperanza de evitar preguntas o juicios. Automáticamente se refugiaba ya en el anonimato que cumple fielmente sus funciones de encubridor y pretexto.

Rebeca se recriminaba –Lo he dejado solo y ha tomado el fácil camino de la evasión. Tenía el derecho a recorrer el camino del enfrentamiento a las causas y consecuencias de sus actos, pero ese aprendizaje sólo se da por un fiel y constante seguimiento de las conductas en el seno familiar. Debí seguirlo de cerca, darle opciones. Ahora a sus quince años es muy tarde para acompañarlo, ya no lo aceptaría.

Sin embargo, hoy en Xalanqué, renacía en Rebeca la esperanza de poder rescatarlo. Tenía un compromiso y una deuda pendiente con Daniel. A su regreso, pediría ayuda profesional, porque el problema había rebasado las posibilidades personales.

Su propósito de expiación incluía un cambio radical en su carrera y ahora se dedicaría a programas de contenido social formativo que orientara a las masas amorfas, aprovechando su fama y encanto. Tenía una deuda con sus víctimas. Lo tenía totalmente decidido. Sabía que tendría serias dificultades porque ya estaba etiquetada y necesitaba realizar un cambio de profundidad y no sólo un maquillaje a su imagen social. La conciencia no permite negociaciones en la vida: formación o deformación.

La habitación continuaba en silencio, pero las cabezas de todos estaban llenas de intensas reflexiones que enriquecerían aún más su visión existencial. Cada quien sacaba sus propias conclusiones y planeaba la aplicación concreta. La salida de la inconsciencia abre la puerta a un aprendizaje continuo donde todos los acontecimientos son escuela y todos los protagonistas, maestros.

Saúl se sintió comprometido a exteriorizarles su experiencia. Era un empresario que había subido con esfuerzo la escalera del éxito. Trabajaba arduamente desde los dieciocho años; no había podido estudiar una carrera profesional, pero tenía un olfato especial para los negocios. Había logrado establecer una fábrica de productos químicos para limpieza que le permitía vivir cómodamente. No era especialmente rico, pero había disfrutado de todas las comodidades de la clase media.

Se daba cuenta, que al igual que Rebeca, el trabajo le había provocado una ceguera psicológica para detectar el deterioro de su hijo Enrique.

A los dieciocho años Enrique era el prototipo del adolescente ocioso e inútil; había abandonado la escuela al terminar tercero de secundaria, con el rechazo sólo verbal de su padre. Su madre se oponía abiertamente, pero Saúl creía que su hijo rectificaría el camino, que era cuestión de tiempo... ¿Tenía capacidad de decidir su destino? Ahora sabía que ello era más un deseo que esperanza.

– Mi hijo es un adolescente con talentos desaprovechados. Tiene una inteligencia brillante, una notable facilidad para el deporte y gran capacidad de socialización. Fui yo el que no le di importancia a la creciente apatía que desde niño demostraba, cuando empezó a obtener notas académicas deficientes y dedicaba muchas horas a la diversión. Soy cómplice de que haya perdido su riqueza; está muy debajo de su nivel de realización. Ocasionalmente desempeñaba pequeños trabajos, que abandonaba rápidamente por la más mínima molestia y bajo múltiples pretextos.

Saúl siempre estaba detrás de sus claudicaciones, y aunque le reñía, le transmitía un permiso implícito para seguir capitulando. Sólo el secuestro lo había despertado de su inconsciencia. No le bastaba ya escudarse en la socorrida excusa de la ignorancia. Ya no culpaba al medio ambiente, a los amigos, al gobierno; a cualquier factor que sirviera de percha para colgar su responsabilidad y deshacerse parcial y temporalmente de su ansiedad.

Saúl se atrevió a vencer su orgullo interior para someterse a juicio público.

– Enrique ahora, sólo sobrevive; vegeta. Es como si su grandeza interior estuviera en estado de coma. Es un mero espectador que no hace nada para mejorar su universo. Todo lo pide, lo exige. Da lo que le sobra y sólo añora diversión.

– ¿Qué puedo hacer, para encauzarlo?

En el silencio dentro de sí encontró las respuestas:

– No le permitiré que huya por la puerta falsa de la comodidad. Yo le he permitido abrirla automáticamente. He sido su cómplice. Sólo miraba su sonrisa agradecida, y no cómo su grandeza minaba; para mí también era más cómoda esa postura. Permitiré que luche su propia guerra contra el ocio excesivo, contra la apatía y contra el hedonismo que son sus verdaderos enemigos. Cuando los padres nos hacemos aliados de estos invasores espirituales, nuestros hijos sucumben ante su fuerza aplastante. Somos los padres inconscientes los peores guías para los hijos.

Propiciaré retos y verificaré su realización, haré hoy el trabajo que no hice cuando él era un niño. Sé que estoy a tiempo.

Este último pensamiento lo llenaba de esperanza. Le quedaba claro que los hábitos formados y la inercia de los años aumentan la dificultad para la educación. Necesitaría esfuerzo y entusiasmo para revertir la vida de su hijo, pero estaba dispuesto a lograr su empeño, a invertir lo mejor de sí mismo para recuperar el tiempo perdido. Había visto como el clan maya formaba a sus nuevas generaciones; cómo templaban el carácter de sus niños y adolescentes con toda la firmeza y claridad. Eran felices porque eran responsables de su talento, en contraste al aburrimiento que observaba en su hijo y que era la derivación directa de la pereza. Durante varios días había visto muy de cerca la inicial oposición natural de los jóvenes al esfuerzo, que rápidamente cedía ante la presión amorosa de los adultos que no permitían claudicación alguna frente a las responsabilidades.

Ana intervino entonces para poner voz a su pensamiento. Era una mujer con el guión existencial de una "barbie": superficial, ruidosa, sociable en extremo. Había engañado a su mente con lecturas y conversaciones chatarra. Una mujer narcisista que desperdiciaba largas horas ante el espejo. Ahora, sin maquillaje y sin su grupo de amistades igualmente privadas de ojos espirituales, estaba encontrando otro sentido a su vida. El silencio había sido para ella su experiencia más dolorosa; estaba tan acostumbrada a la palabra sin sentido, a la conversación sin alma, al ruido... No había experimentado el alimento de la reflexión, del encuentro con su núcleo interior. Xalanqué había sido para ella una experiencia única. Los mayas la habían mantenido aislada durante tres días; el primero de ellos le pareció enloquecedor, sintió que trastornaba su universo interior. Sin otra cosa que hacer más que escucharse a sí misma, encontró en el segundo día un oasis de tranquilidad y de belleza totalmente desconocido para ella.

El tercer día de aislamiento le hizo conocer la meditación. Nadie podría reconocer a la superficial Ana, volcada solo en su apariencia exterior y en la de la vida de los demás. Ahora buscaba nuevos horizontes en sí misma, donde nunca había explorado. En Xalanqué quedaba enterrada la muñeca y renacía una mujer. Había surgido una verdadera madre.

– Marta, mi hija, es una niña de diez años. La escuela familiar ya empezaba a reportarme su conducta irresponsable, rebelde y superficial.

Recuerdo que yo disculpaba su mal comportamiento con el fácil pretexto de "sólo es una niña, con el tiempo cambiará", concediendo poderes mágicos al tiempo, como si éste pudiera suplir la intervención amorosa de la disciplina. Yo diluía cualquier conducta negativa, calificándola de "travesura" como lo hacemos la mayoría de los padres inconscientes, sin pensar en su trascendencia –reflexionaba.

Aunque la niña estudiaba en un colegio de religiosas, la inconsciencia familiar le había formado una coraza impermeable a cualquier enseñanza espiritual. Su primera comunión había sido un mero acto social que sirvió como pretexto para una fiesta y pasarela de egoísmos. Marta oscilaba entre la irrelevancia y el capricho. Tenía el sello familiar.

– He comprendido – habló Ana con una voz pausada, dos tonos más graves que su habitual patrón de expresión y con un diferente ritmo de lenguaje que reflejaba una mayor capacidad de evaluación y pensamiento – que la superficialidad en la que he vivido está generando una chiquilla monstruosa. Su belleza física oculta enormes desequilibrios.

– Cuánto egoísmo rodeó el nacimiento y la crianza de Marta –continuó diciendo– en realidad era mi trofeo y mi pretexto. La atendí en función de mí misma; la invité a la existencia para mi satisfacción.

Marta, junto con otros niños de su edad, había quebrado botellas de vidrio para colocar los trozos en una calle cercana con una pronunciada curva. Los riesgos de un accidente eran enormes y Marta y sus cómplices esperaban agazapados en un balcón el desenlace esperado;

el descontrol del conductor y el inminente accidente. Sólo lo habían hecho para divertirse.

– No basta conocer la causa y el efecto de una conducta, sino su bondad, perjuicio o inutilidad. Cuando escuchamos nuestra conciencia, actuamos como seres morales. Los inconscientes somos reduccionistas morales. He estado formando una delincuente, una rebelde; un caos. Y yo, totalmente ajena a la realidad; volcada en mí misma.

Nada volverá a ser igual. No necesitaré de las alienaciones sociales a las que tanto he acudido para llenar mi vacío interior. He descubierto que las respuestas a mi ansiedad están dentro de mí. En estos días de aislamiento he llorado por todos los años pasados, pero puedo decirles que he dormido como nunca. Porque estoy en paz.

Estaré más presente en la vida de Marta para orientar su próxima adolescencia. He perdido sus diez primeros años; no puedo perderme los siguientes. Estaré a su lado para convertirme en su guía espiritual, para descubrirle los increíbles tesoros de la reflexión.

Ana acentuaba sus rasgos con una nueva belleza que emanaba de su interior. Sabía que ya no necesitaba fingir alegría. Había observado en Xalanqué todas las manifestaciones de felicidad, provenientes de una plenitud interior. Las niñas y adolescentes mayas no necesitaban del exceso exterior para suplir las deficiencias personales. Ellas vivían en una discreta austeridad, pero eran contagiosamente alegres. Ahora entendía que la diversión no se traduce en felicidad; lo contrastaba con las muchas horas de conversaciones inútiles y las estridentes risas sin gozo.

En pocas horas Ana había comprendido que si ella mejoraba su calidad espiritual, su hija recibiría también el beneficio.

Los secuestrados seguían con atención las narraciones de cada uno. Era una verdadera escuela existencial. Lo que en un principio había parecido una experiencia traumática, se había convertido en una renovación. Se habían liberado de la esclavitud de la superficialidad, del reduccionismo moral, de la irresponsabilidad. Xalanqué se estaba convirtiendo en la tumba de la inconsciencia.

Intervino ahora María, una mujer abnegada que había aprendido su papel en una familia machista donde la mujer no pensaba, sólo obedecía. Su esposo, un agente de bolsa tenía el perfil de economista que solo entendía la vida desde el punto de vista matemático; lo demás no tenía sentido y pretendía evitar el mundo de lo intangible. Por eso había delegado la educación de su hija exclusivamente en María. Partía del principio que la mujer había nacido para ser institutriz; él no quería saber nada de las tonterías de una adolescente de catorce años. Su evasión era una verdadera huída; el miedo lo había paralizado como padre para dejarlo como un simple proveedor; no era más que una presencia furtiva en el hogar y una cuenta bancaria.

María se había resignado a su guión y lo seguía ciegamente. Era un prototipo, un modelo de muchas mujeres que se escudan en la impotencia, la justifican y acarician. La inconsciencia de María tenía cara de la costumbre y lo predecible. La cancelación del pensamiento es una de las formas más frecuentes de las familias infantilizadas que están manejadas por los impulsos y por la biología. Abnegación, sumisión e irrelevancia. La resignación podría caracterizar cada uno de sus días.

Ese patrón mecanizado había generado una hija, Rosa, igualmente ciega e infantil que, a sus catorce años había iniciado un embarazo sorpresivo y ahora padecía de serias depresiones. Los padres no se explicaban como una hija normal como la de ellos había generado una hija problema. La "normalidad" es uno de los términos más tristemente mal usados de la humanidad. Bajo su manto se cubren muchas irresponsabilidades y todas las disculpas. Además, la normalidad suele ser estadística en el mundo manejado por la sinrazón.

Xalanqué había echado por tierras muchas justificaciones inútiles como: "así lo hace la mayoría"; "todos piensan así"... Ocultamos nuestra incapacidad para pensar autónomamente cuando verificamos la estadística, cuando observamos las conductas a fin de validar nuestro juicio. En la normalidad estadística consideramos que hay razón cuando el número es abrumador, sin importar el valor intrínseco; olvidando que una suma de tontos no produce una persona inteligente.

Rosa había crecido junto a una madre que no sabía pensar y a lado de un padre ausente, miserablemente reducido a proveedor: una combinación peligrosa. El universo de la inconsciencia incluye muchos habitantes ajenos a todo pensamiento crítico, que son manejados por sus instintos, por sus apetencias o sus impulsos. Han perdido la libertad de elegir su destino y están irremisiblemente condenados a satisfacer su rutina. Rosa era la enésima víctima de este monstruo. Aunque sabía teóricamente como practicar sexo seguro, no se explicaba cómo su novio, de solo dos meses, la había embarazado. Todo quedó en la torpe explicación de los inconscientes, que raya en predestinación: "mala suerte".

Había caído en el abuso de la sexualidad y se escondía en la depresión, dos ingredientes más de la desintegración. Había causado gracia a sus padres, que a los cinco años su hija besara apasionadamente a todos sus compañeros del jardín de niños. Ahora era a ella a quien no respetaban, y ya era víctima de bestiales inconsciencias. Iba a ser madre prematura; situación que ahora no les causaba ninguna gracia.

– Aquí he aprendido que la inconsciencia es la madre de la inmadurez, y una de sus caras más atractivas y maléficas es la falsa inocencia. He aprendido que la sumisión y la docilidad no siempre son admirables y menos en una madre que se debe ser guía y orientación de sus hijos. Mi hija ha reaccionado a mis carencias con conductas irresponsables.

A mi regreso empezaré a ampliar mis ideas con lecturas y estudio sistemático. Empezaré a ser protagonista de mi vida; lograré mis metas. No seré más la sombra de otros.

En cuanto a mi hija... no siempre se regresa del mundo de la inconsciencia sin heridas. Ayudaré a Rosa a afrontar su responsabilidad y propiciaré su desarrollo intelectual y espiritual. No sólo de cuerpo vive el hombre.

Su dolor servirá de experiencia para otras chicas. Su hijo será acogido por toda la familia con amor y responsabilidad. No se puede vivir mal impunemente –se repitió a sí misma.

Tantas veces culpamos a nuestros hijos, tantos inocentes sufren nuestros errores. ¿Y los responsables...?

En el fondo de la celda, de espaldas, las manos apoyadas sobre sus rodillas, un hombre barbudo y sombrío se levantó lentamente para acercarse al grupo. La luz que atravesaba la ventana revelaba una mirada fija y apacible.

Comenzó directamente su experiencia que tenía mucho de contrición.

– Tengo siete hijos, dos de ellos me temen, me evitan. He sido para ellos un padre arrogante y perfeccionista. Siempre pensé que era un asunto de incompatibilidad de caracteres porque desde que eran pequeños me exasperaban sus errores y disfrazando mi ira, comencé a tratarlos con un patrón de agresión disimulada, con ironía. Ridiculizándoles, me convertí en su perseguidor y ahora comprendo que sus conductas tienen mucho de ironía e hipocresía, ingredientes que les vengo modelando desde pequeños. Su madre está tan dedicada a la supervivencia y funcionalidad de la familia, que su rol se ha limitado al de cocinera, enfermera y asistenta, a pesar de que cuenta con dos empleadas y un chofer.

Gonzalo guardó silencio por unos minutos. No encontraba cómo decirles que Luisa, a sus siete años robaba cuantas veces podía en las tiendas de autoservicio y hasta de las casas de sus amigos y primos. Alex con nueve, tenía obsesión por levantar las faldas de cuanta niña o mujer pudiera y cada vez agregaba más malicia a sus acciones.

– Algún defecto había de tener mi familia, – pensaba–...Sólo dos de mis hijos parecían desviarse. ¿Sólo dos hijos...?

Cada existencia es un complejo universo que justifica toda la acción paterna. Gonzalo, como si se hablara a sí mismo, comentó a todo el grupo un relato de Eisley que había leído hacía tiempo. Hasta hoy comprendía la profundidad de sus conceptos.

Un científico solía pasear todas las mañanas por una extensa playa cercana a su casa. Era una forma de iniciar el día con un ejercicio saludable que alimentaba su creatividad. Un día de bajamar vio a lo lejos una figura que parecía danzar un extraño ritual: se inclinaba sobre la arena, se acercaba a las débiles olas y extendía su brazo hacia el mar; una y otra vez, incansablemente. Cuando se acercó, el científico se dio cuenta de que la figura era un joven y que no danzaba, sino que recogía una estrella de mar y la lanzaba más allá de las olas.

El sabio le preguntó el motivo de sus acciones.

– Se hace tarde y el sol que sale dañará las estrellas de mar. Si no les ayudo y las regreso a su habitat natural, seguramente morirán.

Pero, joven –continuó el científico– existen miles de estrellas en esta playa y en muchos kilómetros más. ¿Vale la pena tu esfuerzo y el tiempo que pierdes en esta empresa imposible? ¿Tiene sentido tu propósito?

Sin contestar, el joven puso su rodilla en el suelo, recogió una hermosa estrella de mar rosada y húmeda, corrió hacia las olas y la lanzó hasta donde pudo.

– Para ésta tuvo sentido. Al menos una estrella seguirá viviendo; y ya valió la pena mi esfuerzo, porque sé que he colaborado a que el universo mejore un poco.

El sabio se alejó perplejo; no supo qué contestar a la contundencia del joven. Ese día se dio cuenta de que él, absorto en teorías y números, había perdido el valor de los detalles. Llegó a pensar que son tan importantes estos detalles en la vida, que no existen los detalles: todo es importante. Se había convertido en un espectador pasivo del universo. Se sintió defraudado de su pasividad.

Al día siguiente volvió, como era su costumbre a la playa de sus ejercicios matinales y encontró nuevamente al joven. Pero esta vez, pasó la mañana lanzando estrellas al mar. Ya era un protagonista de la vida.

Gonzalo comentó su historia, aunque, en realidad se hablaba a sí mismo. ¿Cómo era posible que él pensara que sólo dos de sus siete hijos tuvieran características peligrosas? Cada uno tiene una sola vida y nada justifica que alguno se pierda. Se sentía profundamente avergonzado de ser un espectador de la pérdida progresiva de dos milagros vivientes. Además eran sus hijos.

– Soy un católico practicante –se decía– y siempre he predicado los valores trascendentes, pero me doy cuenta que no los he vivido. He sido incongruente. La fe sin obras ha sido para mí solo un sedante, una formula. He perdido el camino por ver sólo la brújula. Me he engañado y, al hacerlo, perdí mi capacidad educativa.

Sé que dejaré de escudarme en una equivocada religiosidad egoísta y placentera, mientras dos estrellas de mi playa están muriendo. Afortunadamente tengo tiempo.

Mis hijos necesitan una atención individual, un cuidado personal. Entiendo que los padres nos autojustificamos con la creencia de que nos dividimos entre el número de hijos que tenemos. Equivocado: debo multiplicarme por siete, pues cada uno de mis hijos necesita un padre completo y no sólo una fracción.

Mi arrepentimiento se traducirá en una atención permanente. Cada estrella de mar justifica mi presencia.

Alfonso, había permanecido de pie durante todas las exposiciones y sólo en ocasiones daba algunos silenciosos pasos. Miraba a lo lejos como si frente a él cobraran vida los relatos de sus compañeros de experiencia. Los seguía paso a paso y su rostro impenetrable reflejaba su introspección.

Ahora llegaba su turno.

– ...Sin embargo, después de estos días de meditación, he percibido en Carlos destellos de generosidad, de respeto, de amor; un carácter enérgico y diligente; un espíritu combativo y compasivo, encubiertos, tristemente, por conductas opuestas, que han ido tomando las riendas de su personalidad. Está en mí, el propiciar que frecuente sus talentos para que se consoliden y formen parte de su identidad.

¡Nuestros hijos, los hijos, son el mismo anhelo, la misma promesa! La diferencia la hacemos los padres. Gran privilegio y gran responsabilidad.

El secuestro de nuestra inconsciencia nos devuelve la razón y la esperanza. Quizá sea por eso que la selva maya jamás haya perdido su verdor, y como la esperanza, es exuberante y sublime.

Y cerró así la participación de su vivencia.

Todos elevaron el pensamiento hacia esos hijos que les fueron prestados para su formación y en ellos se consolidaba la determinación de corregir todas las desviaciones que por negligencia unas veces, por exceso de complacencia otras, o por abandono, llevaban a seres humanos a un mismo destino: la desdicha existencial, deteriorando en consecuencia a toda la sociedad que les rodeaba. No podían pronunciar una palabra más; ante sus ojos otros abismos insospechados, las experiencias compartidas por los demás secuestrados, los sumían en una reflexión profunda. Encerrados en la intimidad de su corazón, no se percataron de la presencia de los jueces. Allí estaban, como personificaciones de preguntas y respuestas.

El anciano de la tilma roja y el círculo concéntrico tomó la palabra. Todos entendían ahora el significado de su glifo: Las respuestas están dentro; quien tiene el problema, también tiene la solución.

–Ustedes han sido sus propios fiscales y jueces. Hemos seguido su evolución y nos sentimos orgullosos del trabajo realizado. Ya no son las sombras paternas que llegaron, deformados por la inconsciencia y superficialidad. Ahora nos encontramos con verdaderos adultos capaces de llevar a sus hijos a su destino.

Escuchen la sabiduría de sus almas. Regresen a su mundo y sean luz.

En silencio y lentamente se dirigieron a sus habitaciones, reflejando en sus rostros la esperanza y alegría profundas que nacen de un arrepentimiento auténtico, ese que invita a la acción y reparación del daño.

Una bruma blanca entró por las ranuras de las puertas y rodeó sus cuerpos que conciliaron un profundo sueño que mitigaba las largas horas de insomnio.

Hacía frío en la ciudad. Todavía las calles dormitaban en el letargo que precede a la ebullición diaria. El espeso aire parecía aumentar la dificultad para iniciar labores. Sólo los repartidores de periódicos corrían frenéticamente en sus motocicletas, con montañas de papel impreso. En todos se podía leer en las primeras planas la misma noticia: "Los secuestros continúan sin respuesta". Los detalles también eran los mismos: la policía estaba desconcertada ante el silencio total de los secuestradores del conocido abogado, la famosa presentadora de televisión y las demás víctimas que habían desaparecido bajo el signo del misterio. Ninguna petición, ningún rastro. Todos los patrones de los secuestros se habían roto con los realizados en los últimos días.

En la casa de Alfonso se advertían las luces encendidas, igual que en las interminables noches anteriores. Clara estaba sentada en su cama, abrumada por el peso del insomnio. A su lado, en la mesilla de noche, estaban dos frascos de somníferos inútiles. Habían sido demasiadas horas de espera ante el teléfono. Todas las llamadas de apoyo recibidas sólo habían logrado intensificar su nerviosismo; cada sonido del timbre le provocaba palpitaciones; la adrenalina había funcionado intermitentemente, generando un terrible desgaste que había surcado su cuidado cutis. El reloj digital recalcaba el peso de la angustia y recordaba la impotencia. Eran las cuatro y veinticinco minutos.

Fuera de la residencia dormitaban los agentes de policía y los expertos en antisecuestros. El silencio sólo era roto por los ladridos esporádicos de los perros que no duermen de noche. Nadie parecía advertir un ligero oscurecimiento en la inminente aurora. El pesado sopor de la madrugada actuaba como sedante a la ciudad. La oscuridad se hizo total. Clara cayó en un profundo sueño, sin necesidad de esfuerzo ni somníferos.

Soñó que estaba en un lugar donde todo era armónico y la naturaleza sintonizaba a los humanos en su equilibrio. En el sueño vio a su esposo Alfonso; sonreía como nunca lo había visto sonreír. – Clara –le decía– te amo y aun así no he cuidado de ti como debía. Un día yo hice una promesa de protegerte a ti y a nuestros hijos. Hasta ahora he sido un esposo egoísta, un padre mediocre que se ha quedado con la menor de las responsabilidades, la de proveedor. Se me ha dado la oportunidad de modificar mi vida antes de que fuera demasiado tarde. Sé que si yo cambio, habré colaborado a que mi universo cambie. No relegaré mis responsabilidades como padre. ¡No más!

Clara se vio llorando de alegría ante un Alfonso que había rejuvenecido varios años. Ya no lo veía arrogante ni retador. Era un Alfonso apacible.

Era un sueño maravilloso del que no quería despertar. De pronto frente a ellos apareció un anciano con el rostro de una persona que ella conocía, pero no atinaba a recordar.

Enjuto y reverente, el viejo les dijo:

– Vuelvan a su mundo. Han dejado atrás la oscuridad de la inconsciencia y han vuelto a la luz, no permitan que ella se extinga. Sean auténticamente felices.

Clara extendió la mano para tocar a Alfonso y en ese momento despertó. A su lado estaba él.

Ya no ladraban los perros. La ciudad despertaba mientras en la selva maya los quetzales dibujaban sus caprichos en el cielo y el jaguar embellecía las orillas del cenote.

* * *

INDÍCE

I
En Kobah...5
II
El trayecto a Xalanqué......................................23
III
El interrogatorio..33
IV
El centro de rehabilitación................................51
V
La gran ceremonia: de niño a hombre...............65
VI
Experiencias compartidas..................................75

www.ingramcontent.com/pod-product-compliance
Lightning Source LLC
Chambersburg PA
CBHW071313040426
42444CB00009B/1999